新零售时代丛书

全渠道零售

新零售时代的渠道跨界与融合

王先庆 彭雷清 曹富生◎著

NEW RETAIL

中国经济出版社
CHINA ECONOMIC PUBLISHING HOUSE
·北 京·

图书在版编目（CIP）数据

全渠道零售：新零售时代的渠道跨界与融合/王先庆，彭雷清，曹富生著.
北京：中国经济出版社，2018.3
ISBN 978-7-5136-5032-8

Ⅰ.①全… Ⅱ.①王… ②彭… ③曹… Ⅲ.①零售业—商业经营 Ⅳ.①F713.32

中国版本图书馆 CIP 数据核字（2017）第 314170 号

责任编辑 牛慧珍
责任印制 马小宾
封面设计 任燕飞

出版发行 中国经济出版社
印 刷 者 北京柏力行彩印有限公司
经 销 者 各地新华书店
开　　本 710mm×1000mm 1/16
印　　张 15.75
字　　数 195 千字
版　　次 2018 年 3 月第 1 版
印　　次 2018 年 3 月第 1 次
定　　价 48.00 元
广告经营许可证 京西工商广字第 8179 号

中国经济出版社 **网址** www.economyph.com **社址** 北京市西城区百万庄北街 3 号 **邮编** 100037
本版图书如存在印装质量问题，请与本社发行中心联系调换（联系电话：010-68330607）

前言

自电子商务出现以来，零售行业内关于“实体渠道与网络渠道孰优孰劣”的争论一直未曾停止过。2006年后步入快速增长阶段的电子商务，在展现其强大爆发力的同时，更是给实体零售带来了强烈冲击。

进入2011年后，智能手机以及移动互联网的快速普及，使移动电商得以迅速崛起，实体零售的生存状况变得越发艰难，以沃尔玛、大润发、华润万家、乐天玛特、永辉超市为代表的海内外实体零售巨头的关店潮，更是让从业者的信心大受打击，甚至部分业内人士发出了“实体零售已死”的悲叹。

与此同时，网络零售的发展状况也并非一片风光。近几年，国内电商产业增速明显放缓，根据商务部发布的最新数据显示，2016年中国网络零售同比增长26.2%，而2014年和2015年的这一数字分别为49.7%和33.3%，电商获客成本大幅提升，价格战、公关战泛滥。

在烧钱大战、战略性亏损等思维的影响下，长期以来，网络零售饱受诟病的难以盈利问题，始终未能得到有效解决。虽然国际电商巨头亚马逊已经实现盈利，但其利润来源主要是云计算业务，如今的亚马逊更像是一家科技企业，在研发投资力度方面毫不逊色于苹果、微软等科技巨头。

在这种背景下，零售从业者不禁感到迷茫，未来是实体零售成为主宰，还是网络零售一统天下？事实上，这是一种典型的传统零售思维。

未来，实体零售不会取代网络零售，网络零售也不会导致实体零售走向消亡，将实体渠道、PC 渠道及移动渠道融合的全渠道零售将成为主流。

在交易主导权回归用户的新零售时代，消费者具有了新的特征，他们的需求越发个性化，更加注重服务体验，充分利用各个渠道获取产品相关信息，在碎片化场景中多渠道购物等。

零售企业仅凭借单一渠道已经难以充分满足消费者的购物需求，人们会同时使用智能手机、Pad、PC 等终端购物，而且在购买某些产品时，还要前往附近的线下门店进行实际体验。更为关键的是，随着科学技术的不断发展，未来，VR 眼镜、智能手环等设备也将成为人们购物的终端。

我们可以看到，阿里巴巴、京东、苏宁、国美、亚马逊、沃尔玛等海内外零售巨头都在积极布局全渠道零售。以阿里巴巴为例，近几年，阿里巴巴积极与百联集团、三江购物、银泰等线下零售巨头开展合作，意欲借助后者遍布全国的线下门店，解决电子商务中普遍存在的产品体验及服务缺失等行业痛点，带给消费者优质而完善的购物体验。

以国美、苏宁为代表的传统零售巨头，在入驻电商平台、开发线上商城及购物 APP 的同时，还与电商巨头进行战略合作，“苏宁 + 天猫”“国美 + 亚马逊”“沃尔玛 + 京东”等传统零售巨头和电商巨头合纵连横，共同布局全渠道零售已经成为主流发展趋势。

全渠道零售将会给零售业带来一场前所未有的颠覆性变革，设计、生产、定价、营销、销售、支付、物流、售后等诸多环节都将发生改变。传统零售与网络零售中存在的诸多痛点问题将得到有效解决。

库存积压、服务半径相对有限、客户关系管理缺失、经营成本不断增长、经营模式单一等，是传统零售企业普遍存在的问题。以客户关系管理缺失为例，缺乏互联网思维的实体零售企业，在客户关系管理方面相当落后。绝大多数门店都是通过会员制来管理客户关系，顾客留下的信息主要是姓名与联系方式，因为很多顾客担心被骚扰，所以会故意提供虚假信息，毕竟使用会员卡积分时，商家不会进行实名认证。

而在全渠道零售模式中，零售企业可以充分借助社交媒体、直播平台、购物APP及电商平台的用户交流版块等多元渠道，和目标群体进行实时沟通，根据用户提供的信息开展定制营销，对自身的产品及服务进行优化完善等，不但可以提高营销精准性，降低营销成本，还能为用户带来优质而完善的购物体验。

而对于网络零售来说，无法为用户提供产品体验、物流时效性较差、售后服务缺失等，是阻碍电商企业发展的痛点，而全渠道零售模式则可以有效解决这些问题。例如，电商企业可以通过打造线下体验中心，来让顾客体验产品及服务。与此同时，线下体验中心还可以作为售后服务网点。大数据及云计算技术的引入，能够使零售企业根据用户需求更加合理地配置仓储及物流资源，确保在最短时间内将优质商品送到用户手中。

那么，在全渠道零售即将崛起的当下，创业者与零售企业如何才能抓住这一重大发展机遇，争取通过率先布局抢占先机呢？作为一种颠覆性的新零售模式，全渠道零售在落地时必然会遇到很多方面的问题，这点在诸多零售企业的实践案例中已经得到了充分证明。作者在和业内人士交流的过程中，发现很多业内人士对全渠道零售这一新兴业态也存在诸多困惑与不解。

鉴于此，作为全渠道零售观察者、研究者及零售从业者，作者在深入思考并分析大量实践案例的基础上创作了《全渠道零售》一书，希望能够给创业者、传统零售企业、电商及移动电商提供一些帮助。本书从全渠道战略、全渠道运营、全渠道O2O、数字化零售、供应链变革、传统零售转型及全渠道营销七大维度对全渠道零售进行了全方位、立体化的详细阐述，为零售从业者提供了一条行之有效的全渠道零售落地路径。

在新零售时代，渠道跨界融合成为常态，在消费需求不断升级与市场竞争日趋白热化的背景下，创业者及零售企业需要抓住这一转瞬即逝的重大发展机遇，在零售巨头布局尚未完成的短暂窗口期，积极探索全渠道零售，争取在即将爆发的全渠道零售市场中分一杯羹。

本书与《新零售》《C2B定制模式》一起构成完整的系列，是作者对“互联网+”大背景下商贸流通新生态的系统思考。三本书从不同的角度探讨了“互联网与零售创新”的前沿热点问题。零售是一个行业概念，定制是一个模式概念，渠道是一个形态概念，它们关注和分析的重点内容既相互联系，又各有侧重点和差异。其中，“定制”是最本质、最核心的内容，它对传统零售、传统渠道的冲击也是最大的。“定制”既是新零售的主要特征，也是渠道变革的主要推动力。因此，这三本书的出版，可以说既是王先庆教授2004年策划并作为总主编的《现代零售丛书》（包括《零售采购技术》《零售营销》《卖场设计与管理》《零售连锁经营》《现代零售精要》《零售企业员工培训》）的深化和延伸，也是其长达15年关于零售业及业态、渠道、商圈等相关问题研究成果的提升与总结。同时，本书也是王先庆教授主持的基地重点课题“电子商务背景下商品渠道变革与模式创新”的阶段性成果。本书另外两位作者，也是课题组成员，并分别承担了第六章、第七章的写作。

本书是许多业界权威专家和资深从业者长期交流探讨的结果。作为作者之一的王先庆教授，是“2016－2017中国零售业年度人物”，是长期从事渠道研究的专家，研究成果和著述都相当丰富，如《渠道控制权》《分销管理》等。本书是作者近年来推出的多部通俗读物之一。在长期与政府部门和企业从业者交流的过程中，作者发现学术界大量的研究成果，尽管“高大上”，但写作风格过于经院化，过于专业化、学术化、数理化，与日常的思维习惯和语言风格差距太大，影响了传播和交流，尤其是远离了企业实践者对专业理论学习的需求。因此，为了使最新的专业知识让更多的人都能看得懂，并喜欢看，作者尝试着用通俗的语言讲述专业的理论和知识，试图形成一种新的写作风格。

非常感谢来自中国商业联合会、中国商业经济学会、中国连锁经营协会、广东财经大学、广东省商业经济学会、广州商业总会等各地相关行业协会以及香港利丰集团、广州尚品宅配、白马服装市场等商贸企业的各位专家和企业家的支持，感谢华南商业智库、广东省商贸物流与电子商务决策咨询研究基地、广州现代物流与电子商务发展研究基地的专家和工作人员的付出，感谢出版编辑们的辛勤劳动！

目　录

第 2 章 零售赋能：新零售环境下的全渠道运营

第 3 章 全渠道 O2O：实现线上线下一体化运营

第 6 章 创新布局：传统零售的全渠道转型升级

第 7 章 全渠道营销：碎片化时代的营销新法则

第 1 章

全渠道战略：消费者驱动的零售新图景

1.1 体验至上：新消费时代的全渠道零售

◎ 全渠道零售的概念与演化历程

全渠道零售（Omni - Channel Retailing）是指企业能够随时随地满足消费者的个性化需求，为消费者提供丰富多元的场景体验，将实体渠道、电商及移动电商进行高度整合，为顾客提供优质而完善的购物服务。以用户需求为中心、去中心化、全渠道运营是全渠道零售的几大特点。

场景一：A 女士在上班途中看到别人穿着一件非常漂亮的连衣裙，立即使用谷歌眼镜对连衣裙进行扫描，使用谷歌眼镜应用查询到这款连衣裙的详细信息，包括品牌、价格、型号等。之后，A 女士利用随身携带的移动设备——手机或者平板电脑，找到销售这款连衣裙距离自己最近的商店，获取该商店该商品的库存信息与配送信息。然后，A 女士使用 APP 模拟试穿，并将试穿效果图分享给好友，获得好友的评价。最后，A 女士选择通过手机下单购买，并在社交媒体上发布商品评论。

场景二：L 女士走进一家商店，通过刷会员卡、脸部识别等方式，商店获得了 L 女士以往的购物信息，这些信息自动传送到店员 X 的平板电脑上，同时，电脑发出迎接顾客的提醒。在L女士选购商品的过程中，X根据获得的L女士以往的购物信息、购物车中未结算的商品信息为其推荐符合其需求的商品，并发出现在购物可享受何种优惠的提示。L女士通过触摸、试穿选择好商品之后不想排队结账，选择用手机结算。最后，L女士在这家实体店采用线上支付的方式购买了商品，这次购买信息也自动存储到了该商店的数据库中。

上述两个场景都展现了全渠道购物。其中，第一个场景展现的是顾客使用谷歌眼镜、移动终端设备购物的场景，第二个场景反映的是线下实体商店利用数据库开展精准营销，顾客通过移动终端付款的购物场景。这两个场景的共同点就是利用数据库将线上渠道、线下渠道整合在一起，让顾客享受到无缝化的购物体验。

如今，随着科学技术在日常生活中的全面渗透，无论是全渠道营销，还是无缝化购物体验都有了实现的可能。

渠道演化可分为4个阶段，分别是实体店时代、电子商务时代、多渠道时代、全渠道时代。其中，多渠道时代还包括跨渠道与O2O等概念。

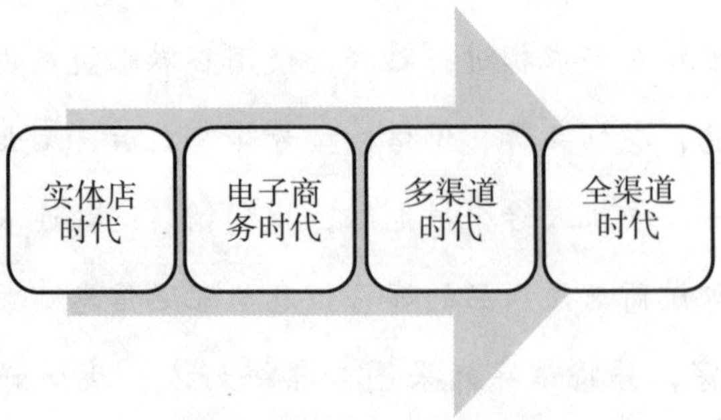

图1-1　全渠道零售的演进历程

（1）实体店时代

以砖房门店为主的零售业态是实体店时代的主要特征，在这个时代，商场、超市、百货公司、购物中心都采用坐店经营的模式。

（2）电子商务时代

电子商务、虚拟网络店铺是互联网发展的产物，亚马逊、淘宝网、京东等电商平台就是其中的典型代表。这些虚拟网络店铺的特点是利用互联网技术创造了一种零售模式，将传统的零售业态搬到了网上。例如，淘宝网的 C2C 模式就是传统集贸市场的网络化，天猫商城的 B2C 模式就是传统百货公司的网络化。

（3）多渠道时代

多渠道、跨渠道出现的时间较短。多渠道，顾名思义就是零售商通过多种渠道开展经营活动，如苏宁、国美等由单一的坐店经营模式转向多渠道结合，借助实体店、网上商城、移动手机、微信、微博等多个交易平台从多方位开展营销活动。跨渠道营销是多渠道营销的升级版，解决了多渠道未能解决的不同渠道间的融合、衔接问题。

倡导线上、线下结合的 O2O 模式备受线上、线下零售商的青睐。利用 O2O 模式，零售商可在线上汇聚流量，获取顾客，再引导顾客到线下消费。O2O 模式所包含的内容非常丰富，有线下零售企业做电商，线上电商企业在线下开设体验店，线上、线下终端无缝衔接等。

（4）全渠道时代

在多媒体时代，顾客通过各种社交媒体可以自由地选择购物终端，在营销方面占据了主导地位。从消费者的角度来说，全渠道就是消费者可以在 A 渠道选择商品，在 B 渠道触摸、感受、比较商品，在 C 渠道下单支付。

从零售商的角度来说，全渠道就是以多渠道为基础使所有渠道进一步融合，前台系统、后台系统实现一体化，为消费者带来一种永远联动的无缝化购物体验，使各渠道实现同步化、和谐化、一体化。各个渠道互通，客流、资金流、物流、信息流、店流可在各个渠道间自由流通，与社交媒体相结合，让消费者获得一种无缝化的购物体验。

◎ 全渠道时代的消费者行为变革

随着社会的进步，企业战略制定、销售终端经营方式都发生了变化，全渠道时代已然到来。从消费者的角度来分析，电商平台的涌现与移动终端的崛起，为其提供了多样化的渠道选择；从企业的角度来分析，其销售渠道也更加多元化。在“全渠道”时代之前，零售行业经历了“多渠道”与“跨渠道”阶段。

从本质上来说，“全渠道”是对“多渠道”与“跨渠道”的进一步拓展，其内涵也更加丰富。随着时代的发展与进步，媒体形态不断更新，商家面临的渠道选择也越来越多，不过，在实际运营过程中，零售企业无法将全部渠道策略都付诸实践，但企业要想在激烈的竞争中成功突围，就要积极探索全渠道零售模式。

随着信息技术的持续发展，消费者在关注产品功能及质量的同时，也越来越重视精神与价值追求。如果企业仍然固守传统的销售模式，则难以应对外部市场环境的变化，也无法与消费者需求相对接，企业则无法在激烈的市场竞争中维持自身的生存与发展。

传统企业面临的环境变化主要体现为两点：一是信息技术在零售行业的渗透作用越来越强，随着信息传播渠道的增加，信息开放程度也不断提高，企业的销售渠道也更加多元化；二是电商行业的发展渐趋成熟，其规范化水平不断提高，随之而来的是移动电商业务的迅速崛起，给传统零售企业的发展带来威胁。

处于新时代下的零售企业要提高自身发展的持续性，就必须跟随时代发展的脚步，突破传统思维模式，对原有销售模式进行改革。从这个角度来说，全渠道零售模式的应用将成为主流发展趋势。

近年来，全渠道消费群体迅速崛起，并成为企业发展过程中不可忽视的驱动力。如今，全渠道消费群体已经成为市场的重要组成部分，其规模的拓展也对市场发展起到了促进作用。从市场本身的角度来分析，消费群体在很大程度上决定市场的走向，而企业在选择销售渠道时，也要以消费者需求为核心。

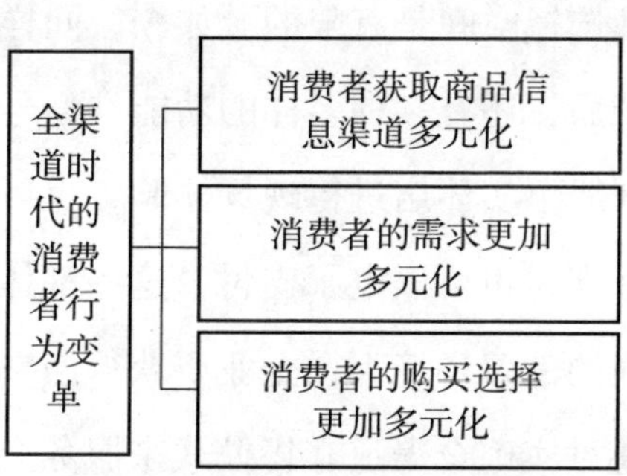

图 1-2　全渠道时代的消费者行为变革

（1）消费者获取商品信息多元化

在传统模式下，消费者只能通过在实体店进行亲身体验来了解商品的功能、质量等信息。在互联网及移动互联网高速发展的今天，消费者既可以通过电视渠道、网络渠道、移动终端等多种渠道方式接触商品信息，还可以利用这些渠道对不同的商品进行比对，根据各方面信息做出最终的消费决策。

（2）消费者的需求更加多元化

在传统模式下，日常生活所需是人们消费的主要部分。如今，越来越多的消费者注重自身个性化需求。以服装产品为例，自工业革命以来，批量化的成品服装是大多数消费者的选择，如今，许多定制化平台纷纷涌现，能够为消费者进行产品定制，还可以让消费者参与服装的设计与生产环节。消费者需求的多元化，让传统企业在运营及发展过程中面临更多的挑战。为了促成与消费者之间的交易，扩大自身的产品销售，经营者需要在营销环节上进行创新，为消费者提供详尽的商品信息。

（3）消费者的购买选择更加多元化

在传统模式下，消费者在制定决策前，也会对不同商品进行比对，但从总体上来说，其选择空间是有限的。如今，同样的产品有许多不同品牌，同样品牌的产品，还有多种多样的功能、型号、款式等，除此之外，消费者既可以到线下实体店进行现场体验，也可以通过网络渠道进行搜索，既可以现金支付也可以电子支付，这些都体现出消费者选择的多样化特点，在这样的消费环境下，企业要获得消费者的认可，就要改革传统销售模式，通过实施全渠道零售模式来服务全渠道消费群体。

◎ 消费升级下的全渠道战略转型

随着消费需求不断升级，线上与线下深度融合的全渠道零售成为零售行业的一种主流发展趋势。而要实现全渠道零售，最为关键的就是发展O2O，以全渠道零售的思维同时布局线下和线上。零售企业在加强自身信息化建设的同时，更要提升服务意识，通过优质而完善的服务，赢得广大消费者的认可与信任。

与零售行业十分发达的美国相比，我国零售基础配套设施不完善，零售企业经营模式相对落后，不但造成了严重的资源浪费，而且给用户体验带来了较大的负面影响。在长期的发展过程中，部分零售企业建立了一套十分庞大而复杂的分销体系，商品需要经过多个环节的层层传导，才能到达消费者手中，在电商及移动电商的强烈冲击下，该模式效率较低，成本较高的短板越发突出。

随着消费需求不断升级，电商及移动电商逐渐无法充分满足消费者的购物需求，尤其是在购买一些单价较高、安全性要求较高的产品时，缺乏产品体验的线上渠道很难赢得消费者的认可与信任。而采用全渠道零售模式的企业，能通过社交媒体、电商平台、购物 APP、实体门店等十分多元化的购物渠道，让消费者随时随地选购符合自身需求的产品。

零售企业进行全渠道零售转型将成为一种主流发展趋势。苏宁、国美等作为国内从实体零售转向全渠道零售的典型代表，二者以全渠道同价、商品独供、增强线下服务体验等方式，通过将线上的庞大流量引入实体门店，从而获取高额利润。商超百货在巩固线下布局的同时，还采用入驻电商平台、自建电商商城、开发电商 APP 等方式布局线上，进一步扩大交易额。

移动互联网对零售行业将会产生颠覆性变革，零售企业不仅要重视产品销售价值，更要注重服务价值，而布局 O2O 则是企业开发服务价值的重要基础。

从当前的发展情况来看，很多国内传统零售企业对线上零售的布局都缺乏足够的重视，部分企业虽然认识到了线上零售的价值，但受制于缺乏足够的专业人才、组织内部缺乏转型积极性、资金匮乏等方面的问题，导致全渠道零售转型之路走得举步维艰。

在移动互联网时代，信息及资源的流通阻碍被打破，需求方与供给方能够无缝对接，位于中间环节的代理商、渠道商的生存空间被极大地压缩，很多零售企业多年建立的传统分销体系面临瓦解。在电商崛起后，传统零售企业遭受了巨大冲击，这也使很多人将电子商务与传统零售放在对立面，认为二者最终难以共存。

但随着消费需求不断升级，无论是电商还是移动电商都难以解决消费者十分关心的产品及服务体验缺失问题。只有发展线上与线下结合的全渠道零售，才能真正满足新消费时代消费者的购物需求。

梅西百货是积极探索全渠道零售模式的典型代表。2010 年，美国知名连锁百货品牌梅西百货宣布实施全渠道策略，将线上与线下的零售资源进行高度整合，并且借助大数据、物联网等新一代信息技术实现精准营销，对门店选品、商品陈列、促销活动等进行优化调整，让消费者更为高效地制定出科学合理的购物决策等。

据梅西百货官方公布的数据显示，其门店内采用自营品牌的商品占比高达 90% 以上，这为梅西百货保持较高的竞争力打下了坚实的基础。随着越来越多的零售企业转型为全渠道零售模式，零售行业将会表现出以下 5 个方面的特征：

（1）从传统零售向全渠道零售的转型将会是一个相当长的过程。

（2）零售企业需要同时布局多个渠道，从而充分满足消费者的个性化需求，企业需要针对的是消费习惯、需求心理及购买力存在明显差异的诸多细分群体，需要用更为丰富多元的产品和服务来满足其个性化需求。

（3）和消费者直接对接的零售企业将会与生产商和消费者实现无缝对接，在提升资源流通效率，降低用户购物成本的同时，打造零售生态闭环而获取巨额利润回报。

（4）信息化建设成为零售企业进行全渠道零售转型的关键所在。要想使线上渠道与线下渠道实现无缝对接，建立一套统一而完善的会员系统，并能够根据市场环境变化及门店经营数据变化而对资源配置进行实时调整，必须不断加强自身的信息化水平。

（5）快速灵活的供应链系统将成为零售企业打造核心竞争力的重

要手段。

面对日益复杂的竞争环境与不断升级的消费需求，零售企业一方面要对自身的组织结构、经营模式及管理手段进行变革调整，为转型全渠道零售模式提供制度基础；另一方面要以开放合作的心态，引入更多的合作伙伴，通过打造覆盖产业链上下游多个环节的零售生态来充分满足消费者的个性化需求，并为其提供“一站式”的购物服务体验。

◎ 为顾客提供全方位的购物渠道

零售的实质就是为顾客提供他们所需要的商品的服务。如今，随着社会的发展，消费者的消费观念发生了巨大的改变，他们希望自己的购物需求能随时随地得到满足。在这种情况下，零售商就要随时随地为消费者提供优质的产品与服务。过去的零售理念是零售商开设一家实体店铺，等待消费者前来购买商品；如今的零售理念是零售商通过各种渠道在规定的时间内将商品交到消费者手中，这种零售理念是未来零售业的发展趋势。

如今，零售渠道表现出多样化的特点，这种特点的出现要归功于互联网的发展。随着互联网的发展，各种移动设备、智能移动设备都被引入零售领域，电子商务、移动商务为消费者购物提供了更多选择。

每一种渠道既有优势，也有劣势。例如，传统渠道的优势在于消费者可以直接触摸、试穿、感受、体验商品，店员可与顾客面对面地沟通、交流，精准地把握顾客需求，为其提供合适的商品，为顾客带来更真实、更满意的购物体验。传统渠道的劣势在于受时间、空间的限制，不能随时随地为顾客提供服务。

电子商务的优势在于打破了空间、时间的限制，能为世界各地的顾客提供 24 小时服务，并且商品展示也不受货架限制，可以无限量地展示商品。如果企业的仓储商品不足，就可以借助商城平台模式对商品进行展销。

电子商务的缺陷在于早期需要大量投入，包括技术投入、物流投入等。另外，电子商务属于一种虚拟的购物模式，顾客只能通过商品详情、店铺信誉与顾客评价来做购物决策，无法亲自体验商品，而网店卖家要与顾客建立信任关系也需要耗费较长的时间。当然，在顾客看到商品与获得商品之间会有一段时间间隔，在这个时间段内顾客很有可能产生冲动购买，但在消费者获得商品后，就又有可能产生新的问题，如退货、换货等。

相比电子商务，移动商务有很多独特的优势，如无须电脑，只需手机、平板电脑顾客就能随时随地购物，这为顾客的消费活动提供了极大的方便。例如，借助扫描与图像识别功能顾客能快速搜索到需要的商品，还能找到同类商品进行对比，最终选到一款符合自己心意的商品下单付款。

另外，移动商务还有电子商务没有的功能——定位功能。现今，在零售领域，O2O、LBS① 已甚为常见，如果没有智能手机为依托，O2O也好，LBS 也罢，都将成为空谈。基于定位功能，企业可将附近提供商品与服务的商家吸收进来。另外，设备间的感应功能也极为重要，如在物联网的助力下，人与人、物与物、人与物可实现连接；再如，借助可穿戴设备，消费者可将产品与其他任何物品相连，还能与朋友连接，倾听朋友的意见，从而做出更合理的消费决策。

只不过，现今，可穿戴设备的搜索能力、屏幕大小、商品展示能力都极其有限，还不能实现多窗口浏览，消费者不能在各个浏览窗口间自由跳转。未来，可穿戴设备要想方设法解决这一问题。

---

① LBS，即基于位置的服务，是指通过电信移动运营商的无线电通信网络或外部定位方式，获取移动终端用户的位置信息，在 GIS 平台的支持下，为用户提供相应服务的一种增值业务。

1.2 新实体零售：让顾客实现全渠道购物

◎“互联网 +”时代的新实体零售

随着互联网整体商业生态的发展成熟，共享经济、社群经济、大数据经济等各种创新商业形态不断涌现，不仅颠覆了以往的商业模式，也造成传统商业价值链的解体。取而代之的，是一个以消费者体验为中心、拥有全新商业价值、商业逻辑和商业模式的互联网商业时代。在这一背景下，传统实体零售也开始主动或被动“触网”，借助大数据、云计算等移动互联网新技术打通线上、线下，实现全渠道的无缝对接与融合，从而逐渐走向“新实体零售”。

◆ 呈现新实体零售形态

新实体零售在形式上呈现为互联网、数字化零售的基本特征，内在层面则是对商业价值的重塑和资源重组。

具体来看，新实体零售通过对互联网技术、文化、服务等诸多元素的有机融合，突破专业、技术和服务边界的束缚，为消费者创造出全新的价值。传统零售商可以利用大数据、云计算等新技术及开放共享平台，为用户提供优质的场景化、多元化、个性化服务，赢得用户的认可与青睐，并以此为基础打造全新的商业价值链，从而改变传统零售模式中价值获取的单一方式，使零售企业、消费者都能获得更多的价值。

当前，社会化专业分工与社会化资源整合在传统实体零售的互联网化运营和 O2O 模式转型方面发挥越来越重要的作用，有助于实体零售企业改变“信息孤岛”、各自为战的割裂状态，实现数据互联共享和全渠道营销。

例如，通过专业性的实体商业数据平台和营销整合平台，不同企业旗下的众多购物中心可以打通线上线下、实现数据信息的互联共享，通过“实体商业 + 互联网”的场景服务专业平台，满足顾客的个性化消费诉求；进而通过整合线下零售经验和互联网技术与资源，为用户提供丰富的线上体验，实现线上、线下的无缝对接和一体化体验，从而提高实体零售的个性化、场景化、精准化服务能力。

总体来看，新实体零售的特征主要包括：以互联网为工具；构建全新的商业价值；重新整合线上、线下资源；注重小众化、个性化的消费诉求；积极利用开放、连接、共享的互联网平台，获取平台经济效应；充分利用新一轮的社会化专业分工；注重数字化运营；摒弃传统商业思维、经营理念与模式，构建更能适应新常态要求的全新商业价值链。

◆ 新实体零售的互联网转型促使渠道发生变革

互联网商业模式对传统实体零售的变革重塑是全方位的，渗透实体零售的每一个运营环节。例如，借助互联网大数据技术和开放性运营平台的有力支撑，传统商业零售中招商、采购环节的覆盖范围将摆脱物理边界的束缚，从区域扩展到全国乃至全球；再如，终端零售商可以借助互联网平台渠道，跳过诸多渠道商直接与上游供应商对接，实现商品和品牌渠道的去中间化，零供关系发生变化。

“零售 + 互联网”通过对线上、线下的打通与融合，彻底重构了以往的商业零售供应链。小到一家便利店，大到综合性的购物中心，能够选择的商品和品牌资源及可使用的规模都得到极大拓展。

在新实体零售中，零售商不仅能更快速地发现和找到品牌，而且能实现更高效合理的零售业态组合与品牌组合，从而满足快速变化的多元零售诉求。此外，借助互联网平台渠道，供需两端还能够实现直接、高效、精准对接。

总体来看，传统实体零售的互联网化转型带来的渠道变革的主要特征为：传统供应链思维和模式被颠覆，零供关系的权重被重置；以往受制于物理空间的商圈思维与模式发生改变，招商、采购范围从地域性扩展为全国甚至全球化招商；网络品牌被纳入零售企业品牌筛选与品牌组合的考虑范围；品牌渠道的去中间化带来了实体零售供应链的大幅缩短。

◎ 实现线上、线下渠道的无缝对接

2016 年“双十一”活动当天，天猫平台的总交易规模达到 1207 亿元，相较 2015 年增加 32%；京东、苏宁易购等其他主流电商平台也借助这一消费狂欢活动实现了可观的销量；同时，直播晚会、VR/AR① 购物等更多创新玩法也吸引了众多消费者的关注。

与电商平台令人瞩目的销售业绩相对应的，是多数传统零售商陷入生存困境。其实，面对电子商务的强力冲击，零售产业是最早探索“互联网 +”的领域之一，很多传统零售商也通过各种方式积极进行线上渠道布局，试图打通线上、线下，获得更多消费触点，为用户提供更

① VR，“Virtual Reality”的简称，即虚拟现实技术；AR，“Augmented Reality”的简称，即增强现实技术。

好的消费体验。然而，在零售活动不断向线上转移的大背景下，很多零售商的线上布局并没能发挥出向线下导流的功能，实体零售的发展依然困难重重。

同时，不仅中小零售企业逐渐陷入生存危机，很多零售百强企业近些年的销售业绩也在持续下滑。国内零售百强企业的销售增长率从2010年的21%下降到2015年的4.3%，净利润率更是只有1.8%，55%的企业净利润率出现不同程度的下降；《2015年中国零售百强报告》显示，该年有31家零售百强企业出现了销售负增长，成为中国零售百强榜诞生以来总体增长水平最低的一年。

在电子商务快速崛起的背景下，传统实体商家确实受到了强烈的冲击，但这并不意味着电商与实体零售是对立关系，未来，电商不会取代实体零售，实体零售也不会导致电商走向灭亡。随着零售业逐渐走向成熟，将线上的电商及移动电商与线下的实体零售相结合的新实体零售模式受到了诸多企业的一致认可。

iPad、智能手机、可穿戴设备等智能移动终端的推广普及，使商家与消费者能够真正实现无缝对接，从而为全渠道零售模式的发展打下了坚实的基础。在新实体零售模式中，企业可以随时随地满足消费者的购物需求。

虽然电商市场规模仍处于增长阶段，但从体量与规模来看，它与实体零售仍存在较大的差距，即便是在物流基础配套设施十分完善的美国市场，电子商务占据社会零售总额的比例也仅刚超过10%，实体零售仍然居于绝对主导地位。与此同时，电商企业布局线下、实体商家布局线上已经成为一种主流发展趋势。

零售企业要做的不是简单地增加店铺数量，而是要与顾客建立更为稳固的链接关系，实时获取消费者的购物需求，并能够结合移动互联网、物联网、大数据、云计算等新一代信息技术为其创造相应的购物场景。

零售企业只有不断进行创新拓展，才能在线上与线下的购物场景中为消费者提供最为优质的服务体验，才能有效应对不断变化的市场环境及竞争对手的同质化竞争。如果为了短期的盈利而不进行变革，仍沿用传统的管理及经营模式，未来随着新实体零售浪潮的不断推进，等待企业的必将是失败的结局。

◎ 新实体零售模式下的物流之变

传统零售企业进行互联网化转型升级，搭建自身的 O2O 模式时，首先要基于新实体零售经济的要求进行适应性调整，根据互联网时代整体零售环境和生态的变化，重新进行客群定位与消费定位，并积极探索能适应新实体零售需求的现代物流系统，实现物流成本转化与新渠道的培育拓展。

零售业的互联网化转型需要把握以下几点：消费群体的变化，即“90 后”“00 后”新生代群体成为新实体零售的主要目标人群，他们的价值观、生活方式、消费行为与偏好等都发生了很大的变化；女性成为重要的零售消费群体，推动了女性化商业时代的到来；我国步入老龄化社会，人口结构、群体结构发生变化，从而对商业零售和社会服务等产生重要影响。

随着新城镇化建设的快速推进，零售市场中的消费群体更加多元复杂，如何进行精准的客户细分与定位，成为实体零售企业必须慎重考虑的问题。同时，互联网时代各种创新商业形态的不断涌现，也要求实体零售企业随时做好应对、调整、变革、转型的准备。此外，近些年快速崛起的跨境电商和海淘零售模式，则为实体零售商整合资源、拓展创收渠道提供了新的方向。

总体来看，转型期社会、经济、技术、文化等各方面的变化，要求实体零售必须重新对目标消费群体进行精准细分与定位，突破传统的供应链思维和渠道束缚，搭建更能适应互联网商业时代用户多元化、个性化需求的全渠道零售模式和开放性的平台服务系统。

互联网商业的本质是用户思维、以用户体验为中心，任何创新性的商业模式只有能为用户带来新的价值才有意义。因此，实体零售企业的互联网化转型，必须始终围绕为用户创造新的价值体验这一中心，不仅在购物、休闲等环节融入互联网元素，也要打造与新实体零售相匹配的现代物流系统，通过物流服务的升级优化和实体零售的互联网转型，为消费者创造更多的价值。

具体来看，新实体零售模式下零售业和物流配送服务的定位调整主要有以下表现：

（1）传统零售商业模式被颠覆重塑，移动互联网商业、大数据商业、智慧商业等各类创新性的零售形态不断涌现，为陷入困境的实体零售提供了发展突破的新方向和契机；

（2）实体零售商从单一性、倾向性定位转向多元交叉与内部细分的“234”定位，即市场定位兼顾国内国外、商品定位覆盖高中低3个层次、客群定位涵盖男女老少各个群体；

（3）从以产品为核心转向以人为核心，新实体零售的本质是对人的经营；

（4）小众化、个性化、定制化的消费形态备受追捧，零售业与快递服务业以往的运作规则与模式被改变，VIP机制越来越多地被应用到零售业和快递服务领域，为实体零售店打造O2O模式提供了更多机遇；

（5）认同互联网文化、具有线上消费习惯的年青一代消费者成为新实体零售的主要目标客户群，实体零售企业需要借助各类社交媒体平台和有效的会员运营系统，将分散的目标客户聚合组织起来形成粉丝社群，获取粉丝经济效益。

在“互联网 +”时代，传统实体零售企业转型 O2O 成为必然趋势。虽然实体零售互联网转型的具体路径或方式有所差异，但基本方向是一致的：以用户体验为中心，通过资源整合、供应链再造，实现不同渠道的融会贯通，使用户在线上、线下都能随时获得同样优质的产品与服务，为消费者带来全渠道无缝对接的一站式购物体验。

◎ 传统实体门店的互联网化转型

◆ 坚持实体店价值

实体零售商的新实体零售之路经过了两个阶段：第一个阶段是线上、线下双线、独立发展，在这个阶段，实体零售商遇到了线上、线下相互冲突的问题；第二个阶段是线上电商与线下店商融合，线下店商为主，线上电商为辅，后者为前者服务。

无论是在门店商品方面，还是在物流、支付环节上，实体零售业的全渠道模式都将实体店价值视为核心，沃尔玛、优衣库、大润发等实体连锁店铺都立足线下实体店，秉持“线上服务于线下”的原则，以实体门店为基础发展自提业务，以实体店的物流与供应链为基础发展电商，推动线下销售迅速发展。

◆ 完善供应链

在探索新实体零售转型之路的过程中，面对网络电商的挑战，实体零售商对“互联网 +”有了更深入的认识，“互联网只是一个工具，供应链依然是竞争的焦点”已成为行业共识。在这种情况下，永辉超市、

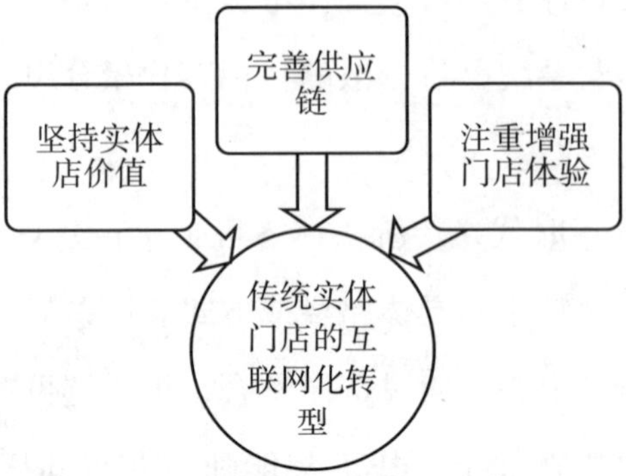

图 1-3 传统实体门店的互联网化转型

华润万家等实体零售商都从供应链完善的角度出发去寻求成功发展线上电商的机会。也就是说，现今，很多实体零售业都将完善供应链视为发展新实体零售的重要方法。

现阶段，乐友孕婴童已打通门店的配送体系与仓库的配送体系，无论是门店还是仓库都可以发货，这是一个新变化。但是，随着这种新变化出现的新服务推广却需要很长一段时间，从门店的配送服务为消费者知晓，到消费者开始尝试配送服务，到习惯养成需要一个过程。所以，乐友孕婴童的 O2O 模式发展到现在，经门店配送的商品比例依然很小。

华润万家于 2014 年重新启动了电商计划，在全国 30 多家门店试推行“有条件快捷免费送货”服务，条件有三：第一，购物满 188 元；第二，配送距离不能超过 3000 米；第三，商品不能是生鲜冻品。华润万家以线下门店、消费者需求、订单能力为基础构建了电商配送体系，而其原有的门店配送体系基本上都已经建立起来，相较于互联网电商，这是线下零售商最大的优势所在。

◆ 注重增强门店体验

孩子王的 O2O 建设已初具模型。在一般情况下，孩子王的门店面积为3000~10000m^2，库存量在2万件以上，产品类型多元化，能满足0~14岁孩子对商品与服务的所有需求。以丰富的产品为基础，孩子王开启了O2O模式的探索之路。无论是孩子王的线下门店，还是孩子王的线上商城，其功能都不只是单纯地销售，而是要为0~14岁的孩子提供一切成长所需的产品与服务，尤其是一些孩子成长所需的早教类产品与服务和对孩子成长有深远影响的体验性类目，如游乐、学习、户外活动、体验等。

除孩子王以外，苏宁与步步高等零售企业也非常注重门店体验。

【案例】苏宁

每家苏宁门店都配有库房，在收到消费者订单之后，苏宁会安排距离消费者最近的门店发货。通过这种商品配送方式，消费者下单后1小时内就能收到商品。

【案例】步步高云猴

在步步高看来，O2O就是经营好线下3000万名高忠诚度的会员，管理好为3亿元成交额/年做出贡献的用户，采取有效措施将线下流量成功转化为线上流量。在渠道方面，步步高对PC端、手机APP、微商、线下实体店4个渠道进行整合；在业态方面，步步高打通了购物中心、超市、百货商场、便利店等业态的线下渠道与线上渠道；在商品品类方面，步步高将商超、生活服务、百货整合在一起。在步步高商城的所有商品中，网上自有品类占35%，剩余的商品全部来自线下实体店。

1.3 战略落地：全渠道零售的实施路径

◎ 路径一：组织内部全渠道革新

虽然从目前的情况来看，全渠道零售的实现还面临诸多困难，但全渠道零售的发展前景却早已得到国际零售巨头的肯定，全渠道零售的轮廓也逐渐鲜明。对于零售企业来说，围绕消费者体验构建无缝化营销是一种长期的战略选择。

零售商全渠道战略的实现不仅要对外联合，还要在组织内部实现全渠道革新。

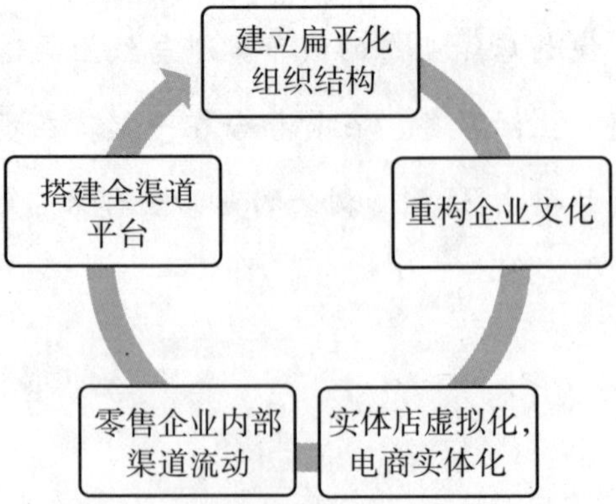

图1-4 组织内部的全渠道革新

◆ 建立扁平化组织结构

零售企业要推行全渠道战略就要从全局出发，将顶层设计的实施工作交由公司 CEO 负责，统一各部门的认识，协调各部门的行动，让公司内部员工对品牌与顾客体验的重要性产生深入认识，构建跨部门、跨渠道协作机制，构建扁平化的组织结构，以更好地满足全渠道战略推行的需要。

◆ 重构企业文化

零售企业要重构企业文化，首先要增进企业各部门间的联系，对各个渠道进行整合，构建跨部门的全渠道；其次要构建以顾客为中心的组织结构，抵御内部制度产生的干扰，满足分工协作的要求；再次要做好客户管理，建立良好的客户关系，保证所有员工都能从全渠道角度考虑问题，鼓励、支持员工传递全渠道价值；最后要做好员工培训，消除员工对内部分享知识、技能的担忧。

◆ 实体店虚拟化，电商实体化

（1）实体店虚拟化要求实体零售企业引入虚拟设施，在店铺内打造一个舒适的上网空间，让顾客在店铺内享受家庭网络购物般的购物体验。同时，实体店铺还要为顾客提供免费 Wi – Fi，支持用户扫描二维码，使用 POS 机结账。另外，实体店铺还要配备能展示产品信息、支持自动结算、具有支付功能的展示屏、智能电视；为员工配备平板电脑以便随时为顾客提供咨询、结算服务；安装虚拟电视墙，让顾客获得虚拟触摸体验。

（2）互联网电商由于不能为顾客提供真实的购物体验，如顾客不能触摸商品、不能试穿等，使顾客难以做出购物决策。为了方便顾客做出购物决策，电商网站可以选择高标准化，易于描述，能通过视频、图片、参数进行比较的商品。如果电商经营的是服装类产品，为了让展示效果更加真实，可为顾客提供虚拟试穿服务。

总之，基于便捷的订购系统，安全的支付系统，透明的库存系统，网上订货、实体店退换货系统，商家与顾客直接沟通的信息交流系统，顾客评价系统，社交媒体参与的购物平台，顾客可以获得较为真实的购物体验，顾客网络购物的安全感能得以有效增强。

（3）移动终端的实体化能为顾客带来如下购物体验：为顾客提供产品价格信息，帮顾客存储购物单，顾客可利用移动终端扫码、选择快捷支付方式，为顾客提供店内导航服务，向顾客推送促销活动信息、发放优惠券、提供发货通知，为顾客打分、评价提供方便，购物单共享，获取商品忠诚计划。另外，顾客还能利用移动终端与店员沟通，寻求店员的帮助。

◆ 零售企业内部渠道流动

全渠道要求电商、店商、移动终端等渠道进行整合，使渠道库存实现一体化、可视化。要做到这一点，零售企业必须打破渠道壁垒，在渠道间开展协同作业，从全局出发，以单一的视角来引导货物在渠道间自由流通。在这种情况下，各分销中心的任务就不再只是维护自己门店的库存，还要帮助其他门店、分销中心、电商、移动终端应对库存不足的难题，按时履约。

根据就近原则，零售商要将与消费者距离最近的终端门店作为第一履约责任人。作为第一履约责任人的终端门店有以下 3 项任务：一是处理本店顾客的购物履约问题；二是处理网上订单、移动终端订单的履约问题；三是负责处理来自本店顾客、网络顾客、移动终端顾客的退换货问题。

该做法最大的好处在于消除了顾客线上购物对商品质量、款式、型号等问题的担忧，如果对商品不满意，可就近选择实体店铺享受售后服务。另外，从另一个角度来说，顾客到附近的实体店退换货也是变相地从线上往线下引流，可以为线下实体店带来客流，防止渠道蚕食，以免实体店沦为线下体验店。零售商从距离最近的门店提货或退换货也能有效地节约运输成本。

总之，要想使商品在渠道间自由流动，关键是要实现渠道协作，统一订单，使库存透明化，实现信息共享，让物流配送实现一体化，让不同渠道可以互补互通、共同发展。

◆ 搭建全渠道平台

零售企业要从全局出发构建全渠道平台，对内部各部门职责进行整合。该平台由前、后两部分构成，其中，前台的功能是与顾客接触，后台的功能是让顾客享受无缝化的购物体验。具体来说，前台主要包括网店、移动 APP、门店、目录、智能电视、微博、微信、传统媒体、社交媒体、呼叫中心等，后台主要包括订单处理系统、结算系统、库存管理系统、智能化呼叫中心、智能化 CRM、促销管理、物流管理、商品分类、团购管理、第三方平台接口、数据库处理平台等。

其中，数据库有 CMS 企业内容管理系统、顾客信息库、PIM 产品信息系统、OMS 订单管理系统、ERP 企业资源计划系统、库存管理系统、CRM 客户关系管理系统等。

◎ 路径二：智能服务与精准营销

零售企业要想实现全渠道，首先要站在消费者的立场为其提供便利的购物渠道，让其享受无缝化的购物体验。对消费者来说，碎片化的、零散的购物网站并没有太大的吸引力，便捷的、一站式的搜索购物体验才能契合其需求。为此，零售企业要想成功推行全渠道战略，获得顾客青睐，就必须对碎片化的、零散的购物网站进行整合，构建一个统一的购物平台，无限拓展商品品类，在全国甚至全球范围内让顾客享受一站式购物体验。

这种平台的构建可仿照汇聚全国一流品牌的奥特莱斯，将跨行业、跨地区的电商平台整合在一起，构建差异化竞争优势与现有的电商平台区分开，摒弃以价格吸引顾客的方式，转向以品牌价值的传递来吸引顾客。

◆ 智能服务：转变传统的客服模式

在全渠道环境下，客服中心要转变传统的服务方式，摆脱对电话、邮件的依赖。随着智能手机、平板电脑等移动设备的普及应用，社交媒体、传统媒体逐渐成为顾客与品牌、商家对接的工具，社交媒体、网上自助服务、电子邮件、实时聊天等工具都为顾客寻求帮助提供了多元化的选择。为了顺应这种变化，客服也要实现电子化。

将顾客自助服务与人工客服结合在一起，使其相互衔接实现一体化。对顾客的渠道转换进行灵活处理，如顾客通过移动 APP、在线聊天、社交媒体、电话、邮件等多渠道与客服接触时，面对这种渠道迁移，客服中心要对其进行灵活处理。

除此之外，智能化的客服中心还要做好收集、处理顾客信息的工作，这些顾客信息很有可能就是隐藏的商业信息。例如，对顾客语音投诉、顾客咨询、社交媒体数据等进行分析，以掌握顾客的购物行径。下一代智能客服中心的功能会变得更加多元化，不仅能存储数据，还能将顾客介入系统与企业后台办公记录系统连接在一起。

◆ 精准营销：有效吸引并留住顾客

每个人都是全球消费者社区的成员，都能针对某个品牌、产品提出自己的意见与建议。借助社交媒体，消费者能快速获取他人的意见。现阶段，网络平台的好评率对产品销量、品牌社群氛围有直接影响，在这种情况下，零售商必须处理好顾客评价，及时回复，给出令人满意的答案。

顾客希望能从不同的渠道获得相同的购物体验，为此，在全渠道时代，零售商要努力让品牌在不同渠道中的形象保持统一，让顾客在线下商店获得网络般的购物体验，在线上网店获得真实的购物体验。简单来说，就是要将线上、线下优势相结合，与消费者的购物习惯相适应。

全渠道平台构建的目的就是向顾客开展精准化营销，通过整合线上、线下客户数据库，分析顾客对网站的关注情况、停留时间、购物车的商品类型、线下会员卡资料、消费记录等数据明确顾客类型，获知顾客的消费偏好，以找到最佳的商品推销方式，选择恰当的时机向顾客发放优惠券、折扣券，吸引顾客前来购物。

正是因为人们生活方式的改变才推动了全渠道时代的来临。据艾瑞网调查数据显示，如今，国内平板电脑的拥有率已超过 1760 万台；eMarketer 最新预测表明，国内智能手机用户已超过 5 亿。这些数据表明，如今，人们在互联网、智能手机、平板电脑上投入了大量时间，人们正常的生活方式被颠覆。

从零售商的角度来看，全渠道战略已融入长期发展战略。随着苹果、百思买、梅西百货等零售巨头加入全渠道零售，未来，全渠道零售必将成为零售行业的基准线，成为大中小零售商不得不转型、发展的方向。

◎ 路径三：全面整合各渠道功能

全渠道覆盖的范围十分广阔，企业要实施全渠道销售模式，就要强化对各个渠道的管理，并发挥各个渠道间的协同作用。企业要将不同渠道间的运营融为一体，避免各自为政。为此，企业要将实体店、网店及移动端商店的管理权都掌握在自己手中，要处理好电商平台与实体店运营间的关系，做好两者之间的互动与配合工作，而不是展开内部的比拼。

若企业无法实现各个渠道产品销售与运营的统一，导致不同渠道的产品价格存在差别，用户体验也各不相同。消费者在制定决策前，就会对不同渠道的产品与服务进行比对，找出自己满意的渠道并下单，这不符合企业全渠道的发展方向。企业旨在通过实施全渠道销售模式，整合各个渠道的优势资源，在激烈的市场竞争中取胜，而不是在内部展开比拼。在具体实施过程中，企业应该对各个渠道的优势进行把握，通过线下渠道进行展示，满足消费者的体验需求，通过线上渠道为消费者提供全方位的产品信息，并与消费者展开高效互动，使线上与线下的运营相互补充、相互促进。

企业强化对各个渠道的管理，可以从以下几个方面推动自身发展：

（1）将线上、线下渠道的管理权都掌握在自己手中，可以推行统一的产品标准，为消费者提供高性价比的产品；

（2）能够发挥不同渠道之间的协同作用，如消费者在实体店交易之后，可享受线上渠道提供的退换货服务，在网络平台下单后，也可到指定实体店取货等，在为消费者提供便利的同时，也能促进企业的发展；

（3）线下渠道承担网络平台的商品供应任务，既能减少企业与线上代理合作过程中的成本消耗，也能提高企业运营的安全性，降低管理难度。

企业在实施全渠道运营的过程中，要注重发挥各个渠道的优势，并整合不同渠道的功能。要重视传统实体渠道的价值，企业自诞生之初就通过实体渠道开展运营。其优势在于，能够满足消费者的体验需求，虽然传统实体店的发展受到了电商平台迅速崛起的冲击，但这种优势仍然是不可替代的。电商渠道与移动商务渠道是对传统实体运营的拓展与延伸，其经营能够突破时空因素的限制，通过平台化运营为消费者提供更多的渠道选择，并与实体渠道相互配合，共同促进企业发展。

在全渠道时代下，企业在运营过程中，应该对不同渠道的作用及价值进行有效把握，在认清各个渠道优势的基础上，通过整合方式使不同渠道的运营能够相互配合。在具体实施过程中，可分为如下几个步骤：

（1）以消费习惯、消费需求的不同为依据，对目标消费者进行分类；

（2）对各个渠道的消费者体验效果进行分析，据此制定针对目标顾客的消费途径；

（3）对企业各个渠道的运营进行梳理，从中找出既能满足消费者需求，又能推动企业发展的渠道，剩下的渠道用于补充；

（4）对各个渠道的优势与不足进行分析，以消费者需求为中心，对不同渠道需要承担的运营工作进行分配，通过各个渠道间的配合来提升消费者的体验。

◎ 路径四：新技术与新消费体验

◆ 借力“互联网+”和大数据

随着“互联网+”行动的深入开展，线上渠道与线下渠道之间的隔阂被打破。很多企业通过电商化运营，在“互联网+”领域展开布局。企业在实施全渠道销售模式的过程中，同样要发挥互联网的作用，处理好不同渠道之间的关系，实现线上、线下的一体化发展。在具体实施过程中，企业应关注如下几点：

（1）打破单一渠道的销售模式，发展线上业务，对企业的运营体系进行调整，列明不同环节的企业应当承担的任务，发挥整体的协同作用；

（2）正确认识“互联网+”给企业发展带来的机遇与挑战，通过应用先进的技术手段，进行数据获取与分析，为企业运营及战略制定提供参考。同时，还要对自身发展情况有清晰的认识，避免一味模仿别人而给企业发展带来不利影响。

对企业而言，数据获取与共享能够极大地促进全渠道销售的实施。通过数据分析，能够对顾客消费行为与习惯进行提取，为企业的战略制定提供有效参考。如今，互联网平台可以通过分析用户的浏览行径和上网习惯来挖掘其商业价值。

举例来说，北京万科联手链家网，借助其强大的数据获取与分析能力，对用户的行为特征与消费习惯进行分析，通过数据共享，为自身的发展规划及决策制定提供价值参考，进而推动企业的整体发展。

◆ 构建新消费体验

在实施全渠道销售模式的过程中，各个渠道的运营都要将消费者放在核心位置，注重顾客的购物体验，通过与消费者进行互动，提高消费者对自身品牌的认可度。星巴克在运营过程中采取了多种方式来完善顾客体验。通过实行积分制，向目标客户发送推广信息，在社交平台实现信息扩散来提高用户的忠诚度。

星巴克会根据顾客的需求变化来调整自身的营销模式，并与顾客保持良好的沟通互动关系。星巴克发布的移动端应用能够向消费者推送营销信息，并进行店铺导航。星巴克会员能够在应用中登录自己的账户，获得星巴克提供的会员专属优惠，并参与相关活动。除此之外，星巴克还开通了移动支付功能，用户完成账户充值之后，在结账时向工作人员出示自己的条形码，能够节约时间与精力。星巴克的上述措施，都有效提升了用户的购物体验，体现了企业在人性化服务方面的实践与创新。

在任何一个行业的发展过程中，创新都是必不可少的。缺乏创新的企业会因经营者思想僵化而停滞不前，导致企业在竞争中处于劣势地位。而在创新过程中，企业除了要注重产品设计与研发方面的创新，还要对自身文化体系进行升级，从消费者角度出发对各个销售环节进行优化。

要在全渠道领域展开布局，企业就要为消费者提供更多便利，使他们能够随时随地进行购物。为此，企业需要考虑当前消费者越来越注重个性化需求的特点，通过优化整体运营来获得消费者的青睐。在商品种类日益丰富的今天，企业要想从众多竞争对手中脱颖而出，就要对自身产品进行创新，在打动消费者的基础上促成双方的交易，并积累自己的长期顾客。

第 2 章

零售赋能：新零售环境下的全渠道运营

2.1 重构零售认知：新零售模式运营之道

◎ 新零售 = 传统零售 + 互联网 + 内容

阿里巴巴的创始人马云在 2016 年 10 月的云栖大会上提出“新零售”的概念，并指出新零售将取代传统的电商模式，成为未来的主流发展趋势。而要实现新零售，就要同时开展线上渠道与线下渠道的运营，并完善相关物流体系。

在马云正式提出“新零售”概念后，有业内人士指出，新零售就相当于全渠道零售，具体而言，就是将线上渠道与线下渠道的业务打通，同时注重物流体系的建设。事实上，在 2016 年 11 月 14 日举办的阿里“双十一”内部复盘会上，阿里首席执行官张勇就指出，新零售的概念范围十分广阔，除全渠道模式之外，新零售还包括其他表现方式。

怎样才能正确把握新零售的概念？身处新零售时代背景下的传统企业，怎样才能推动自身转型？

要准确把握“新零售”的内涵，就要对杭州娃哈哈集团董事长兼总经理宗庆后与马云之间的实体经济和虚拟经济之争进行分析。马云在江苏省浙江商会十周年大会上指出，实体经济与虚拟经济之间不是对立关系，两者之间没有必然的矛盾。不可否认的是，阿里在电商领域的布局与发展也没有脱离实体经济，如今，阿里已经成为新实体经济的成功实践者。

因此，在新零售与全渠道中，实体经济都占据重要地位。企业经营者应该对“渠道”的内涵有清晰的把握，从根本层面上来分析，渠道指的是企业向消费者提供商品的途径。全渠道则意味着企业可以通过多种方式与消费者进行接触。在互联网时代下，实体零售企业主要通过进驻以天猫、淘宝为代表的电商平台来开展全渠道运营。随着移动互联网的高速发展，能够帮助企业实现线上、线下一体化运营的移动工具纷纷涌现，实体零售企业可通过与微信、飞凡等平台联手进行线上渠道的拓展，也促进了第三方服务平台的发展。

虽然实体零售企业面临的渠道选择越来越多，但企业在开展全渠道运营的过程中，坚持采用传统零售与电商结合发展的模式，为了在激烈的竞争中取胜，企业主要选择客流量大的地方开设实体店，并聚焦线上流量的获取，同时注重增加商品品类，通过降价来吸引顾客参与。在传统模式下，这种竞争策略的确能够推动企业发展，然而，在信息时代，其影响力逐渐降低，对企业发展的推动作用也不再明显。

2016 年，很多电商平台开始聚焦内容生产与传播，并获得快速发展，小红书就是典型实践者。这类平台虽然规模有限，却呈现出迅猛发展姿态，其覆盖面也迅速扩大。除此之外，很多实力型电商平台如京东、阿里巴巴也开始注重内容领域的布局，通过输出优质内容来提高用户的忠诚度，并将用户转化为自己的消费者。

在传统模式下，零售企业主要通过不断增加商品种类与降低价格来积累用户。如今，消费者越来越重视精神价值，希望在购物过程中满足自己的社交需求，而传统获客方式难以得到消费者的青睐，于是商家开始在这方面进行改革。近几年，越来越多的电商平台转向内容建设，并成为一种主流发展趋势，无论是实力型电商，还是中小规模电商都尝试通过内容生产与输出吸引用户，并完成变现目的。

从一定程度上来说，“传统零售 + 互联网 + 内容”就是新零售。其内容包括多种类型，如互动性内容与资讯型内容等。在具体运营过程中，企业借助大数据技术进行消费场景的打造，再利用互动性内容吸引消费者的参与。从这个角度来说，新零售与全渠道的不同之处在于，前者更注重内容的价值，在新零售时代下，传统企业不仅要完善自身服务体系、优化供应链建设，还要以内容创作与传播为切入点，拉近顾客与企业之间的距离。

◎ 把握零售本质，注重内容运营

新零售与全渠道既有区别，也有共性。其共性之处主要体现在两者在运营过程中都要符合零售业本质，注重线上渠道、线下渠道的结合，还要完善物流体系的建设，使零售业的经营不再受时空因素的限制。

经营者需要认识到，在企业转型过程中，要紧紧抓住零售业的本质，将产品与服务放在核心位置，避免只用新概念、新技术来招徕顾客，实则脱离了行业本质。虽然零售企业能够通过信息技术与大数据技术的应用来拓宽与消费者的接触面积，但从本质上来说，企业要提高用户对自身运营的认可度，还是要着眼商品质量的提高与服务体系的完善。

传统零售企业应该正确对待全渠道与新零售，将其视为推动企业转型、推动自身发展的方式与途径，而不是牺牲企业的发展，只为了实现全渠道或新零售模式。另外，企业要找出重点渠道，将其他渠道的运营作为补充。

通常情况下，传统零售企业在实施全渠道运营过程中会经历 3 个时期：第一个时期，在线上渠道展开运营，但不同渠道之间相互独立，难以取得理想效果；第二个时期，开始实现线上、线下渠道的结合，对不同渠道的会员、商品及服务进行统一，这需要投入大量资金；第三个时期，将线下渠道的运营作为重点，线上渠道作为补充。

在整个全渠道运营过程中，内容运营应该引起企业的足够重视。从实际情况来看，传统零售企业的流量主要是由促销活动及上新带来的，消费者进入实体门店后，将根据门店管理者进行的布局（如产品陈列、行走路线规划等）浏览商品。

随着互联网的推广普及，消费者获取商品的渠道大幅度增加，基于人与人之间的信任关系而进行的口碑传播爆发出了巨大的能量。由网红、明星大 V、自媒体、时尚达人创造的优质内容成为品牌商引流的一大利器。

所以，传统零售企业需要根据目标群体的特性，并结合自身的发展情况，对营销内容进行规划，减少对“价格战”的依赖，将优质内容在社交媒体、视频网站、直播平台、短视频平台等各个渠道进行推广，从而触及更多的潜在消费者。

企业既可以选择和优质内容生产者进行合作，也可以自己培养相关人才。虽然后者需要耗费较高的时间成本，但其优势在于能够将流量控制在自己手中，不会出现合作结束后，用户大幅流失的情况。

企业在进行流量获取时，既要采用传统方式，如举办优惠活动，向消费群体进行新品推广等，也要借助网红、达人、意见领袖的影响力实现内容传播，进而实现流量积累，促进用户做出消费决策。电商平台在进行内容生产与输出的同时，还要运用先进技术工具，通过数据分析进行价值挖掘。

在内容运营过程中，企业想要在激烈的竞争中取胜，就要制订全局性的发展规划，定期推出新内容，在合适的时机组织营销活动等，以产品销售与用户关系维持为中心开展内容运营。传统零售企业需要进行精准的内容定位，理性采取降价策略，在开展电商化运营的过程中，借助技术力量对消费者需求进行把握，对自身内容进行调整。

传统零售企业与互联网企业都要参与商业要素的改革，通过推动改革的进行来提升消费者的购物体验。在此期间，零售企业的商品丰富程度也将大大提高，并通过持续性的产品创新来满足消费者的多元化、个性化需求。身处新零售时代下的企业，不仅要对传统供应链进行改革，还要综合考虑企业的生产安排、营销环节及消费者需求，打造完善的物流体系，并在内容运营方面进行变革。

如今，实力型电商企业纷纷在新零售领域展开布局，当前仍然在实施全渠道运营模式的传统零售企业也要抓住机遇进行转型，在改革传统商业要素及其组成的基础上，对零售产品进行创新，使企业自身的发展符合整体趋势。

综上，在新零售和全渠道零售不断碰撞融合的机遇面前，传统零售企业需要的是“零售 + 互联网 + 内容”，而并非是很多企业所尝试的“零售 + 互联网”。考虑到当前国内具有明显互联网属性的行业已经被巨头垄断，传统零售企业可以尝试和这些巨头进行合作，利用它们在引流及整合资源方面的优势，来加快自身的布局速度，争取在激烈的市场竞争中成功突围。

◎ 社群新零售：连接商品与用户

2016 年 10 月，马云在阿里云栖大会上提出“新零售”概念，一时引起业界的广泛关注和热议。马云指出，虽然传统实体零售受到电子商务的巨大冲击和挑战，但在未来的零售行业中，无论是纯粹的线下实体零售还是单纯的电商模式都将无法很好地生存。取而代之的是深度融合的线上和线下渠道，以大数据、云计算等新技术和现代智能物流系统为依托的一种全新商业模式，即新零售。

新零售的关键是“新”。这意味着，新零售并不是一种固定不变的形态，而是零售企业基于自身的具体情况，从不同业态、不同维度出发探索新零售的商业实践路径。新零售打破了以往线上、线下的明确区隔，是对商业模式的一次根本性变革，能够在任何时间、任何地方、任何渠道下为用户提供同样优质的产品和服务，从而充分满足移动互联网时代人们碎片化、移动化、个性化、多元化的消费诉求。

新零售的最大优势是全面打通并深度融合了线上、线下和现代物流系统，实现零售商与用户的持续深度交互，从而为精准营销、互动营销等各种销售策略的实施奠定坚实基础。

新零售的整体方法论是以商品为入口实现与人的连接，人是新零售经营模式的核心所在。从这个角度来看，新零售运营包括三大要素：引流商品、经营社群、增加服务内容。这三个方面的连接贯通点是用户，首先围绕用户体验建立商品与用户的连接关系，其次将众多用户聚合组织起来形成社群，通过社群运营将用户培育为企业的忠诚粉丝，最后通过各种增值服务获取收益。

可见，在新零售模式中，社群运营是关键一环。零售企业将分散的用户聚集起来形成用户社群，通过高频互动形成独特的社群价值与文化，增强用户对社群的心理认同与情感归属，然后以社群为基础构建商业变现模式，将社群成员转变为企业客户。

因此，新零售并不是一个“概念噱头”，而是针对传统实体零售和线上电商模式面临的发展困境提出的有效解决方案，本质上是一种

“传统零售 + 社群经济 + 电子商务”的创新零售形态，也可称为“社群新零售”。

虽然各方对新零售的具体解读有所不同，但一个基本共识是新零售是以用户为中心、围绕用户体验进行的，是基于大数据技术构建用户画像，为用户提供最适宜的优质产品和各种附加服务，充分满足用户的多元化、多层次需求，获得最优的消费体验，进而通过企业与用户间的高频深度交互，将用户培育为企业粉丝，最终打造出一个社群商业生态系统。

面对互联网商业模式的巨大冲击和挑战，传统零售企业纷纷探索互联网化的转型升级路径。然而，多数零售企业的“触网”只是单纯地将产品售卖渠道转移到线上平台，而没有真正发挥出互联网“连接一切”的优势，与用户建立直接、持续、深度的沟通交互机制，自然也就无法满足消费升级背景下用户的个性化、碎片化、多元化需求。

在新零售时代下，企业要积极探索更具活力的 C2B① 和 F2C② 零售模式，而打造以用户为中心的 C2B 和 F2C 模式的关键是社群营销。零售企业将用户聚集组织起来形成社群，构建社群营销平台，通过有效的社群运营将用户转变为企业自身的忠诚粉丝，然后在此基础上探索 C2B、F2C 等新零售商业模式。

简单地讲，新零售的核心是对人的经营，而社群是经营人的最佳方式。因此，传统零售企业的互联网化转型必然绕不开社群营销。

---

① C2B，“Consumer to Business”的简称，即从消费者到企业，是互联网经济时代新的商业模式。

② F2C，“Factory to Customer”的简称，即从厂商到顾客的电子商务模式。

◎ 社群新零售运营的方法与步骤

在传统电商市场已度过高速发展的红利期和风口的情况下，实体零售商再去布局电商业务，最多只能获取更多消费触点、拓展数字化业务、更新支付系统、积累线上运营经验、实现零售业务的智能化，但在最根本的核心竞争力的提升上价值很小，并不能帮助企业在未来社群新零售市场中占据主动。

随着国内零售行业的全面升级，打通线上、线下并融合现代物流系统的社群新零售将成为“互联网+”时代的主流零售模式。以大数据技术、现代物流系统为支撑的社群新零售有效解决了传统实体零售和纯电商模式的痛点，真正体现了以用户为中心的商业本质，将为零售领域带来一次根本性的商业变革。

一方面，社群新零售通过线上运营实现买卖双方的精准高效对接，让销售变得更加简便快捷；另一方面，线下实体门店则弥补了电商零售中体验不足等痛点；同时，通过社群化运营，零售商又能快速吸引和留存更多的用户，从而解决了用户获取和留存成本不断攀升的难题，并借助社群经济模式提高零售企业的整体运营效率和销售转化率。

整体来看，零售企业可以通过以下7步实现互联网化转型，打造社群新零售模式。

（1）自辨

实体零售企业在开展社群营销前，首先要明确自身的优势（核心能力、积累的资源等）、弱势、发展瓶颈，以及自身产品所处行业的本质和竞争格局，然后扬长避短，基于自己的优势资源确定社群营销的方向并寻找具有互补性的合作伙伴，构建社群商业生态。

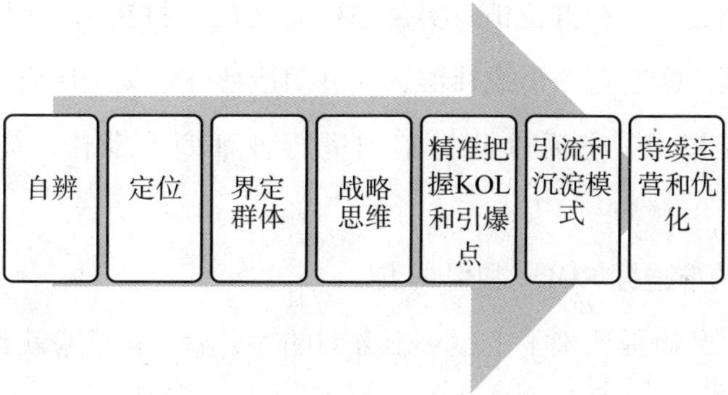

图 2－1　社群新零售运营的方法与步骤

（2）定位

社群经济虽然呈现出越来越强劲的发展活力，也是移动互联网时代的主流商业形态，但当前却存在模式重、变现难等诸多痛点，仍需各方继续探索合理有效的社群商业路径。在社群经济尚未发展成熟的情况下，实体零售企业转型为社群营销时，更需要首先明确方向和定位，并在互联网迭代思维的指导下不断探索最适宜的社群营销模式。

（3）界定群体

社群营销的核心是对人的经营。零售企业必须首先界定用户群体，对目标用户精准画像，其次通过产品与用户建立连接关系，将用户聚集起来形成社群，最后通过品牌人格化实现与群成员的持续深度交互，将成员培育成企业的忠诚粉丝。

（4）战略思维

对传统实体零售企业来说，社群营销不只是一种新的营销方法和策略，还是关联企业运营各个层面的根本性的商业模式变革。因此，企业必须从战略思维的高度深刻理解社群营销，明确它是对以往互联网商业中流量思维的颠覆，是变以往的流量攫取（价值获取）为流量创造（价值创造）。

就本质而言，社群营销其实是一种亚文化“打法”，即将具有某种同质性的用户聚合起来形成社群，通过塑造社群亚文化形成强大的社群吸引力和凝聚力，然后以此为基础进行各种商业动作，提高销售转化率。

（5）精准把握 KOL① 和引爆点

传统零售企业明确了上述 4 个方面的内容后，接下来就是进入社群运营阶段，真正开始构建社群营销模式。在这方面，自媒体、内容创业等领域的大规模兴起为社群运营提供了诸多成功方法和实践经验。单从传统零售企业转型的角度来看，社群运营的关键首先是精准把握 KOL 和引爆点。

一方面，企业可通过建立时间、金钱等准入门槛的方式了解 KOL 是否认可社群运营；另一方面，零售企业在利用社群营销打开市场、拓展销路时，最佳的方法是打造大单品，以爆品为社群纽带，通过成员间的交互传播分享吸引更多的用户关注，增加产品销量和市场份额。

（6）引流和沉淀模式

微商、网红、自媒体是当前社群营销中最常见的模式。不过，实体零售企业必须认识到，这里的模式与其说是社群经济的商业模式或业务模式，还不如说是一种引流和沉淀模式。

社群运营虽然也要引流，但却突破了电商平台的流量获取思维，是在初期引流的基础上，通过对人的有效经营，借助用户群体的传播分享不断吸引更多流量，是一种流量创造思维。在这一过程中，用户也从企业“摇钱树”的角色变成与企业平等对话的主体，并通过参与社群“创流”实现与企业的共赢。

---

① KOL，“Key Opinion Leader”的简称，即关键意见领袖。基本上就是在微博上有话语权的那些人。

此外，社群中的社交关系有强关系、中关系、弱关系等不同的强度划分。企业在社群流量创造时，要基于不同的关系强度制定最合适的价值创造和利益交换策略。

（7）持续运营和优化

实体零售企业转型社群营销，是以产品为核心构建社群。因此，零售企业可从以下几方面实现对产品型社群的成功运营：

★品牌人格化。塑造人格化的品牌，让品牌从冷冰冰的符号变得有“温度”、有“故事”，如提起苹果手机人们就会想到乔布斯，提到小米消费者就会想到雷军。

★塑造社群亚文化。社群经营的核心是人，因此零售企业要基于用户群体特质塑造社群亚文化，实现“圈内人”与“圈外人”的明确区分，以此增强成员对社群的情感认同与心理归属，提高社群的向心力和凝聚力。

★加强供应链建设，提高个性化定制能力，充分满足日益增多的个性化、多元化、小众化的消费需求。

★在国内尚未建立完善的社会信用体系的情况下，零售企业在转型社群营销时不能将目光停留在线上交流，而要通过各种方式积极走入线下，通过面对面的交流沟通建立稳定的社交关系链，提高社群信任度。

社群新零售是以用户体验为中心、充分满足用户多元化多层次消费需求的创新商业模式，其核心竞争力的落脚点是企业自身的基本功：供应链建设和运营效率的提升，社群商业生态系统的搭建，线上、线下的全面打通与有机融合，更低的运营成本和更优质的产品与服务，从而为消费者提供多渠道无缝对接的一站式消费体验。

2.2 零售无边界：实体与电商的无缝对接

◎ 新技术驱动零售渠道跨界融合

马云在 2016 年云栖大会上首提“新零售”概念，是对未来线上、线下融合发展的展望。企业要想实现“新零售”，最关键的就是处理好线上渠道与线下渠道之间的关系，发挥两者的协同作用。由此可见，实体渠道与电商渠道的运营之间不存在针锋相对的矛盾，企业应该实现两者之间的有效配合。

另外，在传统模式下，实体渠道与电商渠道之间存在清晰的界限。如今，两者的隔绝状态将逐渐被打破，在企业发展过程中，线上与线下都将成为企业的重要渠道，企业则需通过完善物流建设将两者连接起来，并发挥先进技术的推动作用。经营者需要认识到，在企业向新零售转型的过程中，需要发挥技术力量的驱动作用来推进改革的进程。

从企业发展的角度来分析，利益获得是企业实施改革的重要动机，而利益涉及两方面因素：成本投入与最终的收益获得。企业希望在改革之后提高自身运营效率，而企业需要获得消费者的认可与支持才能获得收益。为此，企业在实施新零售转变的过程中需要为消费者提供更多便利，满足他们的需求。如今，O2O 已经在零售行业掀起改革热潮，而

“新零售”的实践则能够对企业的改革发挥引导作用。

以提高企业运营效率与满足消费者需求为中心开展的新零售改革，主要有以下几种发展趋势。

随着改革的进行，线上渠道与线下渠道的运营将趋于统一，不同渠道的产品质量、售价、服务也将按照既定的标准来执行，消费者能够享受到商家提供的优质服务与体验。如此一来，企业就可以发挥各个渠道的优势，通过线上渠道为消费者搭建消费场景，为消费者提供交易便利，通过线下渠道来满足消费者的亲身体验需求。

企业要打通线上渠道与线下渠道的运营，就要发挥物流的连接作用，提高配送环节的运营效率，进而提升消费者的整体购物体验。以实力型电商平台京东为例，该平台能够发展到与淘宝旗鼓相当，与其完善的物流体系建设有很大的关系。

另外，企业在实施全渠道战略过程中，可以应用虚拟现实技术来优化线上的体验，为传统模式下电商平台缺乏场景体验的问题提供解决方案。

在移动互联网时代下，随着技术的创新与发展，加上大数据统计与分析的应用，企业将不断优化消费者的购物体验。企业在线上渠道开展运营的过程中，无法为消费者提供实际的体验服务，需要发挥技术的支撑作用。在具体应用过程中，经营者要以消费者需求为核心，让消费者能通过便捷的操作享受满意的体验服务，虚拟现实技术恰好能对接消费者的体验需求。

此外，如今许多新闻资讯平台如今日头条，在大数据技术应用的基础上，都能够准确提取读者的兴趣爱好及内容需求，电商平台也是如此。举例来说，消费者在电商平台购买服装产品后，平台就会向其推荐鞋包或其他配饰，这就是大数据应用的结果。平台依托大数据统计与分析，能够有效提升营销针对性，避免因推送无用信息给消费者造成干扰。

◎ 基于消费体验的零售运营策略

随着新零售的布局进一步展开，越来越多的企业将推行会员制。在企业进行品牌建设与打造的过程中，会员用户对品牌的认可度更高，其消费频次也超出普通用户，对企业整体发展的推动作用也更加明显。另外，企业通过对会员信息的获取与分析，能够对消费者需求进行准确把握，据此搭建有针对性的消费场景；消费者在获得会员资质后，能够享受企业提供的专属会员优惠，从而对品牌给予更高的认可，有助于品牌积累长期用户；企业还能根据数据分析结果优化自身的服务体系，为用户提供优质的服务，提升其整体购物体验。

不过，企业在推行会员制的过程中，也会遇到阻力。举例来说，如果某品牌本身的影响力不大，其会员数量也比较少且主要集中于一定区域范围内，而会员管理体系的建设与运营无疑都需要企业投入足够的资金，超出了企业的承担能力。

经营者需要认识到，小众化并非是指有限的消费者群体，而是代表企业拥有精准的市场定位。在明确自身定位的基础上，企业能够与更多消费者达成交易，进而获得更多利润。举例来说，作为新锐时尚配饰品牌，Celestine 自推出后便受到了诸多消费者的青睐，该品牌定位于站在时尚潮流尖端的都市女性，她们关注自身的个性化需求，拥有自己的品位与生活追求。

在准确把握消费者需求的前提下，品牌推出的所有产品都会得到顾客青睐，并实现粉丝用户的积累。具体而言，企业通过细分市场，根据消费者需求来决定产品的生产与输出，通过精细化管理与运营来提高市场对自身产品的接受度。为了增加自身利润所得，企业将在今后的发展过程中推出与当地文化相符的品牌，并聚焦细分市场的开拓，逐步提高自身品牌的影响力。

新零售的开展在给传统实体经济带来挑战的同时，也为其发展创造了机会。在产品与服务的切身体验方面，实体店的优势非常突出，企业要想增加进店人数、提高消费者的黏性，就要为其提供优质的体验服务。另外，随着虚拟现实技术的普遍应用，相关政府部门将出台管理措施，逐步提高该技术应用的规范化水平，减少消费者在购物过程中因虚拟体验与实际产品体验存在较大出入而产生的担忧，促使虚拟消费体验朝专业化、成熟化方向发展。

从消费者的角度来分析，尽管部分消费者在体验后不会立即做出消费决策，但当他们产生实际需求时，仍然会优先考虑自己先前体验过并留下良好印象的产品，而不是自身了解有限的产品，从这个角度来说，优质的体验服务具有不可替代的价值。此外，企业应用虚拟现实技术搭建的消费场景，能够克服实体店的时空局限性，充分发挥互联网平台的优势，拓宽企业的发展思路，为消费者提供便捷、高效的体验服务，进而增加企业的收益。

◎ 移动电商环境下的全渠道模式

在移动互联网时代，消费需求呈现出了强烈的移动化和碎片化特征，移动电商在电商市场中扮演的角色越发关键。据艾瑞咨询发布的一项研究数据显示，2016 年，中国网络购物市场交易规模为 4.7 万亿元，其中移动购物在整个网络购物市场中占比高达 68.2%，同比增长 22.8%[①]。

① 资料来源：艾瑞咨询《2016 中国电商报告》。

随着移动电商不断走向成熟，网店与实体店融合的趋势将会越发凸显，二者的深入融合将会给广大消费者带来全新的购物体验。人们的购物过程可以被分为发现、决策和购买三个环节，消费者在购物前，通常会借助智能手机来寻找与产品相关的用户评论、专业测评等数据，然后根据自身的需求并结合这些数据制定消费决策，接着前往实体店内进行产品体验并完成购买。

智能手机成为商家与广大消费者无缝连接的有效媒介，它打破了时间与空间的限制，使人们培养出了全新的消费习惯。和传统 PC 相比，智能手机、可穿戴设备等移动终端可以随身携带，而且操作方便、人机交互性更佳，能够占用用户更长的时间，从而为商家向目标群体定制推广打下了坚实的基础。人们在任何时间、任何地点都能利用接入移动互联网的智能设备购买自己想要的产品和服务。

全渠道零售使商家的辐射范围得到了极大拓展，优质商品及服务能够被全国甚至全球的消费者在线购买，而且不会受实体门店经营时间的限制。更为关键的是，将实体渠道、电商及移动电商渠道进行融合的全渠道购物模式，使企业的资源配置得到进一步优化调整，最大限度地发挥企业资源的作用，如实体门店不再仅是简单的承担销售商品的功能，更是用户体验中心、售后服务网点及库存中转网点等。

客户关系管理也将得到极大的改善，用户将使用在线上与线下通用的账号购买优质的产品，并享受极致的服务体验。这有效解决了企业客户关系管理混乱、管理成本居高不下等方面的问题。

移动终端普及程度不断增加，以及移动电商开始成为推动电商市场向前发展的核心驱动力，决定了零售企业必须对传统的思维方式、经营模式及管理手段进行变革。企业需要充分认识到移动互联网给零售业带来的巨大颠覆性，能够顺应时代发展潮流，善于运用大数据、云计算等新一代信息技术，来提升用户购物体验、增强自身的盈利能力。

根据摩托罗拉公布的“假日购物研究”报告显示，新一代信息技术在美国零售业的应用，使顾客满意度提升了 23%。自助购物设备在全球范围内的快速推广普及，使人们的购物变得越发高效、低成本，在扩大商家交易额的同时，更促进了用户体验的大幅提升。

在消费需求越发个性化，行业竞争越发复杂化的背景下，传统零售向全渠道零售转型将成为零售企业摆脱发展困境的必然选择。不仅是传统实体品牌商需要拓展自身的线上布局，线上零售企业同样需要布局线下，以自建或者与门店合作的方式，为消费者带来更为优质的服务体验。为了便于消费者取货，缩短用户等待时间，国际电商巨头亚马逊在多个购物中心都设置了寄物柜。

◎ 实体零售如何布局移动端购物

随着移动互联网的发展及智能手机的普及应用，各大电商开始积极在移动端布局，移动电商市场的交易额迅速增长。与此同时，微商的崛起与发展也为传统零售企业的 O2O 转型提供了新机遇，传统零售商发展电商业务遇到的难题也找到了解决思路。

对于实体零售企业来说，发展移动端有如下优势：

（1）实体零售企业能借移动 APP 全面展示自己的商品与服务，给顾客留下深刻的印象，提升品牌辨识度；

（2）借助个性化、多样化的展示页面，实体零售企业能吸引大量潜在用户，培养用户的消费习惯，提升用户忠诚度；

（3）借助移动 APP，实体零售企业能实现无纸化管理；

（4）借助移动 APP，消费者的购物体验能明显提升。

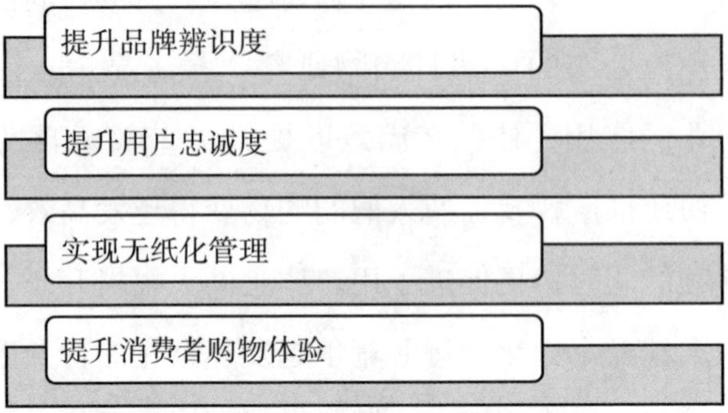

图2－2　零售企业发展移动端的优势

PC互联网在时间与空间方面存在些许缺陷，移动互联网能消除这种缺陷，因此受到了想要转型发展的实体零售企业的关注。现阶段，很多零售企业都开发了移动APP。据中国商报研究院统计，在中国连锁百强企业中，开发移动APP的企业占到了20%。这些企业借移动APP的开发来弥补自己在PC时代因发力较晚出现的短板，还将其与实体零售商的优势相结合打造个性化、数据化、智能化商业。

这种情况下，在实体零售商的线上总销售额中，移动销售所占比例迅速提升。据中国商报研究院提供的数据显示，在中国连锁百强企业中，17%企业的移动端销售占比超过了30%，半数企业的移动端销售占比为10%～30%，33%企业的移动端销售占比在10%以下。

沃尔玛于2015年7月开始在深圳试水O2O业务，全面推出大卖场O2O服务平台“速购”。消费者可在速购平台选购商品，这些商品与沃尔玛线下门店中的商品完全相同，还可选择商品配送方式，送货到家或自提。沃尔玛的这一业务率先在深圳落地，深圳23家大卖场同时推行该业务，除盐田与大鹏外，该项业务的服务范围基本上覆盖了整个深圳。

沃尔玛推出的速购平台有一个很大的特点，就是只适用于移动端。

该平台的推出完全符合中国市场的特点：中国消费者的线上购物渠道已从 PC 端转移到了手机端、移动端，所以沃尔玛将 O2O 的重点放在了移动端。据沃尔玛提供的数据显示，在中国，通过移动端购物的消费者在总消费者中占比已超过 55%，而在美国，通过移动端购物的消费者在总消费者中的占比仅为 19%。

2.3 新零售时代，如何构建全渠道战略

◎ 拥抱变化：深刻洞察消费需求

马云提出“新零售”概念，以及“电子商务终将消亡”等观点后，很多业内人士纷纷表示传统零售企业逆袭的时机将要来临。这和几年前全渠道零售概念进入国内市场时，传统零售从业者的表现十分类似。

作为阿里帝国缔造者的马云是我国零售领域的领军者，其表达的观点除了满足企业发展的需求，往往也是市场发展潮流的体现。所以，我们不能仅简单地理解这些观点的表层意义，更要深入分析其背后所体现的深层次内涵。

近几年，企业界最为明显的变化主要体现在两大方面：一是从内容平台转型而来的垂直电商发展势头十分迅猛，虽然其体量与规模和真正的巨头相比差距较大，但发展空间十分广阔，小红书、罗辑思维等是典型代表；二是天猫“双十一”放弃价格战转而直播持续 8 小时的“即秀即买”、小米邀请梁朝伟发布年度旗舰产品小米 Note 2 等，这一变化可以视作企业为了寻求更高的价值回报，而对引流方式进行创新变革。

随着人们消费需求的不断升级，企业所采用的促销打折、用所谓的新功能作为噱头等吸引消费者已经不再适用。和消费者碎片化和移动化

消费方式、追求小而美的消费价值观、倾向于加入各类社群等特征相匹配的模式与玩法将会在市场竞争中更具优势。

从实际发展情况来看，全渠道零售是将网店、实体店及现代物流进行融合，从而使传统零售中的人、货、场突破时间与空间的限制，为企业带来更高的价值回报。但事实上，很多转型全渠道零售模式的企业，在业绩方面并非出现明显增长，甚至还有所下滑。之所以会出现这种情况，很大的原因是这种转变对企业现有用户黏性提升及引流拉新（以后者为主）并没有产生预期的效果。

那么企业为了打破引流困境，需要做出怎样的调整呢？通过对大量的实践案例进行分析后，不难发现，很多传统零售企业所采用的发展逻辑是“零售 + 互联网”。但为了打破引流困境，还应该加入内容版块，转变为“零售 + 互联网 + 内容”。

消费需求不断升级以及强调娱乐性的“80 后”“90 后”逐渐成消费主体，给诸多创业者及企业带来了前所未有的巨大发展机遇。但在这个机遇面前，如果传统零售企业想要和电商企业获得同台竞技的机会，就必须具备以下两个方面的能力：

◆ 正确衡量自身基础零售的能力

让传统零售企业精准衡量自身基础零售能力，其实是一件颇为困难的事情，尤其是一些已经发展了十几年的大型零售企业，其管理者已经很难分辨企业的发展动力是经营管理发挥的作用，还是得益于时代潮流。企业管理者可以通过思考以下 4 个问题来寻找答案：

（1）企业当前最为有效的营销策略是不是举办各种优惠促销活动？

（2）按可比口径计算，企业的销售额是否处于下滑状态？

（3）企业的商品管理是否逐年精细化，甚至趋向于单品管理？

（4）企业的中低层优秀人才流失率是否高于行业平均水平？

如果给出的回答都是肯定的，就意味着企业的经营管理出现了问题。管理者首先要做的是对当前的企业发展状态进行评估，尝试通过对组织结构、管理手段、业务流程等诸多方面进行调整，来解决经营管理方面的问题。

◆ 全渠道的能力

全渠道零售要求企业实现全渠道库存共享，确保各渠道库存信息的实时同步，提高库存的精准性与有效性，让消费者能够在各个渠道中自由购买，不但能够有效提升用户体验，而且可以提高产品曝光量，为企业创造更高的价值收益。这对于以线下布局为主的传统零售企业来说，着实是一个较大的挑战。

◎ 极致体验：精准锁定目标群体

站在全渠道角度，零售商要认识到一个问题，就是相较于顾客来说，渠道并不是最重要的，渠道要为顾客服务。零售商要借助渠道抓取顾客、抢夺顾客，否则其他的零售商就会利用这个渠道将顾客抢走。因此，在这个“顾客至上”的年代，渠道因顾客而存在，渠道要为顾客服务。

在传统的零售模式下，零售商的零售活动会受到诸多限制。例如，每个实体零售店铺都有一个物理覆盖半径，在那种情况下，消费者要想购物必须从一个店铺走到另一个店铺。而如今，零售领域的竞争越发激烈，零售商不能再等消费者主动走到店铺中来，而必须主动将店铺放在消费者面前供其挑选。

因为，在这个时代，顾客体验至上就是最科学的思维方法。未来，营销效率较低的大众营销策略将逐渐消失，大众营销会逐渐转变为小众营销。也就是说，未来，在开展营销活动前，企业会首先明确目标客户群体及其需求，再向其开展精准营销。

例如，未来手机零售商会希望顾客各有特点，以根据顾客的特征及需求为其提供定制化的产品与服务。虽然现阶段企业的这一想法还不能实现，但是企业已经能从大体上对客户群体进行分类，如这个顾客是否属于中产阶级等。也就是说，在全渠道模式下，企业必须从大众营销转向小众营销，再从小众营销发展到个性化营销，从而让顾客获得更极致的购物体验。

在全渠道模式下，企业所有的渠道都可用来帮顾客解决问题。从广义上来讲，每个渠道都有优劣势，在未来的发展中，每个渠道都有自己的生存空间，这些渠道一定是共存关系。零售企业必须将各个渠道的优势充分发挥出来，利用、整合现有资源，实现线上、线下相互引流，让线上流量、线下流量可以共享。

这样一来，企业就能对顾客信息进行全面了解，线下掌握顾客的购物信息，线上掌握顾客的商品购买渠道，购物周期，所购买的商品间有何关联，对某个品牌的忠诚度如何等。另外，借助手机，企业还能对消费者进行定位，掌握消费者的喜好、偏好、兴趣点，为企业全面了解顾客，开展精准营销奠定良好的基础。

除此之外，所处的购物渠道不同，顾客的购物行为也不同，所以，零售企业可以渠道特征为依据，对相同的顾客采用不同的营销方式。以手机为例，手机可以让消费者充分利用碎片化时间，其具备的短、平、快的特点是吸引消费者所在。如果企业利用手机创造一个复杂的购物活动，不仅不切实际，还会引起顾客的反感。

面对消费者在不同渠道表现出来的不同购物行为，企业必须做出回应。例如，顾客在移动设备上有两个购物高峰，一个是在早晨上班的路上，另一个是晚上9—12点，另外，还有一个小高峰出现在午休时间。而PC端的购物高峰则在白天：上午9—10点，下午3点。在这些特殊时间段企业必须采取特殊的营销策略，引发顾客兴趣，激发顾客的购买欲望，引导顾客下单购买。

事实上，全渠道营销并不复杂，企业不要自己给自己设限，要发散思维，对各种渠道进行整合利用。例如，用邮件为顾客推送商品，顾客如果对商品有兴趣，只需点击就可以购买；再如，充分利用微信，让顾客在微信上购买商品等。无论采取何种方法，零售企业都要秉持一个核心理念，就是让顾客能够一键购买。

未来，企业要充分利用各种方法，随时随地满足顾客需求，为顾客提供自由、极致的消费体验。

在信息技术快速发展的今天，电商行业迅速崛起，零售行业的发展也不同于以往。身处互联网及移动互联网时代下的传统零售企业面临各项挑战，使人们的消费需求呈现出许多新特点，而该领域的市场竞争也日趋激烈。传统零售企业要提高自身发展的持续性，就必须对传统销售模式进行改革，全渠道销售模式则成为企业的理想选择。全渠道可划分为三大模块：实体渠道、电商渠道与移动电商渠道。

◎ 降低成本：真正实现利润增长

面对电商冲击和消费者多元化的渠道需求，很多零售商也在积极进行跨渠道、全渠道的经营布局和数字化互动，如2015年零售百强企业的数字化销售规模增速高达85%。然而，线上销售的飞速发展并没有改善企业的财务状况，净利润率仅为1.8%。

究其原因，很多传统零售商发展全渠道，更多的是一种市场倒逼下的被动选择或盲目跟风，对全渠道零售并没有全面准确的理解，认为只要把产品放到线上平台就可以了。同时，零售商对数字化销售还常常存在两个误区：一是认为线上渠道的服务成本比实体门店低；二是认为数字化业务增长到一定规模后就能带来盈利。

然而，“多”并不等于盈利，多渠道运营与收益回报率之间并不是正相关关系。企业在进行多渠道运营布局时，应充分考虑投资回报率等财务成本，制定适宜的全渠道战略，使销售增长能够真正带来企业利润率的提升。

随着互联网整体商业生态的成熟完善，网购规模的不断扩张已成为不可逆转的趋势。根据埃森哲[①]（Accenture）的调研显示，2015 年中国消费者中，增加实体店购物频率的比重只有 32%，而增加在平板电脑端的消费频率有 59%。

近两年的国内零售市场，移动端购物发展强劲，73% 的消费者经常使用智能手机搜索喜欢的商品，59% 的消费者希望更多地在智能手机端消费。在 2016 年“双十一”活动中，天猫平台移动端的交易规模占比超过 80%。

面对消费者的移动化、多渠道购物诉求，有条件的传统零售商大都投资布局数字化渠道，并获得了可观的成绩。然而，数字化销售的增长并不一定会带来利润率的提高，甚至会对企业的整体利润和竞争力造成不利影响。这是因为线上零售模式中信息的高度透明和较高的服务成本会带来价格压力，导致零售商难以从这些渠道中盈利。

例如，在全渠道零售中，企业在供应链成本和信息技术成本方面的支出要远高于以往的线下渠道——供应链成本在实体零售销售额的占比通常为 2% ~3%，而在电商销售额中的比重却达 10% ~15%；信息技

① 埃森哲（Accenture），全球最大的管理咨询、信息技术和业务流程外包的跨国企业。

术成本在实体零售销售额中的比例仅为 1%，在电商销售额的占比为 4%。

新零售时代，消费者在市场中处于主导地位，也拥有更大的选择自由和空间。相关研究显示，大约 80% 的消费者有过“线上获取商品信息线下进行交易”或“线下了解商品线上购买”的经历，72% 的消费者在购物选择和决策时首先考虑的是价格因素。此外，在线上购物中，物流体验是影响消费者选择的重要因素，但这又会增加零售商的运营成本。

因此，企业在构建全渠道零售模式时必须明确认识到，渠道“多”并不等于一定盈利，关键是在进行线上创新运营的同时，放眼全局，从更高层次的零售生态系统的角度出发寻找适宜的合作伙伴，注重自身核心竞争力的提高，通过优质体验吸引更多的消费者。

◎ 全局思维：战略优化数字渠道

企业的最终目的是获取利润，因此零售商在进行全渠道战略布局时，要从提高投资回报的角度出发，放眼全局，让多渠道零售服务于企业整体发展。从当前来看，国内多数零售企业在打造全渠道时并没有树立这种“先思后行、放眼全局”的观念，更多的只是一种盲从行为。例如，虽然越来越多的零售企业开展数字化零售，但相关调研却指出，多达 62.5% 的零售商对全渠道零售战略其实是持中立或保留态度的。

我国零售企业要真正挖掘全渠道零售价值，必须从长期发展的战略角度出发，找到多渠道布局的最佳时机和最合适的投资领域，让全渠道成为企业突破线下销售困境、实现良性快速发展的巨大助力。

下面我们通过海外两家零售企业的成功案例，为国内零售商打造全渠道模式提供启发和借鉴。

Argos 是英国排名首位的百货零售商，其从整体视角出发进行的多渠道布局帮助母公司家悦采购集团实现了销售业绩和利润的增长。建立线上零售渠道后，Argos 发现虽然 40% 的销售转移到了数字化渠道，但 90% 的交易依然是在实体店完成的。这使 Argos 充分意识到打通线上、线下两个渠道将为公司带来巨大的零售机遇。

基于这种认知，Argos 开设了数字商店，用 iPad 替代传统商品目录，以动态触摸屏取代纸笔。进店客户可在 iPad 上获取 2 万多件商品的详细信息并直接订购，然后只需等待几分钟就可在收银台付款提货。

另一个成功案例来自全球三大零售商之一的英国特易购公司（Tesco）。虽然已过去 20 年左右，但该公司在全渠道布局方面的商业逻辑仍对国内零售企业具有重要的启发意义。

早在 1995 年，Tesco 就借助 Home Delivery 项目开始布局全渠道零售，主要是通过电话目录销售和店员送货到家服务为客户提供更好的购物体验。1996 年，Tesco 又推出线上零售渠道，基于对会员各方面数据信息的深度挖掘分析，满足那些没时间出门逛街、渴望便捷购物的白领和三口、四口之家的消费需求，商品品类以食品为主。

在打造线上销售渠道时，Tesco 从投资回报的角度出发，并没有像当时的其他竞争对手那样投入巨资建立专门的仓库，从而大幅节省了线上业务运营成本，使线上销售真正成为公司整体发展的助益而非负担。

借助长期积累的线下零售优势，Tesco 在 1999 年创建的网上商城 Tesco. com 的市场费用在整体销售额中的占比仅为 1%，每位客户的获取成本只有业内平均成本的 1/10，且第二年该网上商城就实现了盈利。

Tesco 一直都没有停下发展的脚步，近 20 年来不断拓展新的目标客户和零售业务，商品品类从食品扩展到非食品品类，零售模式从直营发展为“直营 + 平台”模式，也逐渐开始建立专门的仓库，并借助不断发展的互联网信息化技术持续创新升级数字化零售业务。

◎ 修炼内功：提升自身服务能力

新零售时代的市场竞争更多的是不同零售生态系统间的比拼，这就要求零售商在构建全渠道模式时，从整个零售生态系统的角度出发，积极寻找在产品、能力等方面与自己互补的合作伙伴，从而更有效地管理成本结构，优化客户体验，实现自身更好更快的发展。

例如，美国全食公司（Whole Foods）通过与商超 O2O 鼻祖 Instacart 的合作，为消费者提供了“一小时内送货上门”的优质购物服务；用户还可在 Instacart 平台上订购全食公司的商品，然后到实体门店提货。通过这种合作，全食公司不仅节省了物流运作方面的时间、资源和精力，让消费者获得了更专业优质的物流服务，也拓展了公司的零售渠道。

从国内来看，永辉超市与京东商城的合作是较为成功的。借助京东到家服务，永辉超市旗下的 O2O 购物平台“永辉微店”不仅获得了更多流量，也有效解决了电商运营中的“最后一公里”难题，同时还有更多的资源精力去打造和优化生鲜供应链。

此外，另一零售巨头华润万家与百度外卖、新美大的合作也备受瞩目，华润万家各业态的线上流量借此实现了大幅提升。

全渠道零售的根本支撑仍是零售商的线下能力。因此，全渠道零售模式实现可持续发展和长远盈利的关键，是零售商回归原点，提高“内功”修为，不断增强自身的线下能力，如商品规划能力、采购和运输能力、订货与补货能力等。

相反，若零售企业忽视自身能力的提升，只是想着通过线上“捷径”获取更多的流量，最终反而会造成客户难以留存，无法赢得消费者的认同与忠诚。例如，埃森哲公司的调研显示，在我国零售企业的全渠道运营中，居高不下的缺货率一直是消费者诟病的主要问题，23.5%的受访企业的全渠道缺货率达 10%～20%。

在我国整体经济转型升级、步入“L”形拐点的关键期，以往的流量红利逐渐消失，零售企业应回归到“内功”修炼上，不断增强自身的各项线下能力：对内打造并不断优化供应链系统，提高经营效率；对外敏锐感知市场变化，精准定位目标客户的个性特质、行为习惯和需求变化，从而为全渠道零售奠定坚实基础。

例如，某大型商超在构建数字化渠道的同时，也高度重视优化产品供应链、提高执行效率、强化线下运营，从而在国内整体经济面临下行压力的情况下实现了逆势增长；某生鲜零售商在拓展线上零售业务时，将优化供应链管理作为工作重心，不断增强生鲜端到端的优势，建立牢固的供应链“护城河”，从而确立了自身在生鲜零售市场中的主导地位；还有些零售商则基于长期积累的客户资源优势，精准洞察和紧贴消费者，以此建立起自身的竞争优势。

全渠道零售充分释放了国内巨大的消费潜力，也对传统零售形成了严重冲击和挑战。从当前来看，国内很多零售商在构建全渠道时还存在一些误区，如将目光局限在数字业务营收规模而非企业整体盈利上，想当然地认为全渠道模式必然能提高自身竞争力。然而，新的数字化业务虽然可能会增加企业收入，但同样也可能增加成本结构的复杂性，对企业整体盈利水平和竞争能力造成不利影响。

因此，对于日益火爆的全渠道零售模式，零售企业应保持清醒深刻的认知，从全局角度出发寻找最佳的投资时机和投资领域，积极寻找适宜的合作伙伴，注重整个零售生态系统的打造和优化，为客户提供更好的产品、更优的消费体验，才能突破传统零售困境、实现良性长远发展。

◎ 全渠道零售转型中的注意事项

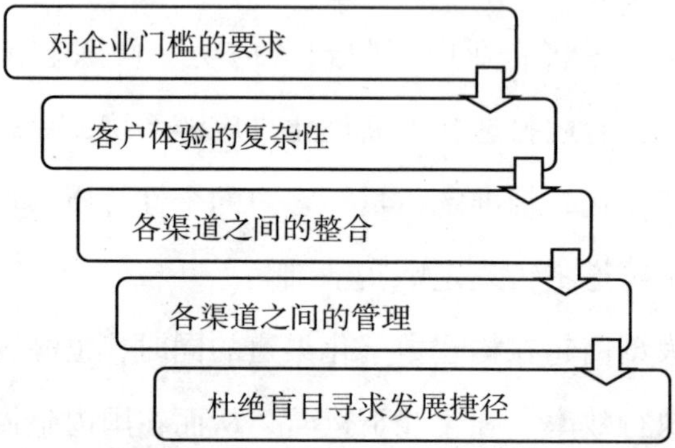

图 2－3　全渠道零售转型中的注意事项

◆ 对企业门槛的要求

在全渠道时代下，越来越多的企业开始实施全渠道销售模式，希望通过转型升级来推动自身发展，其中有不少企业在探索中获得了成功，但也有些企业以失败告终。企业本身需具备以下条件，才能减少实施过程中的阻力：

（1）企业需提供资金支持。尽管与单一的线下拓展方式相比，企业采用线上、线下一体化的运营方式，能够降低整体的成本消耗，但在发展线上业务的过程中，企业同样需要提供足够的资金支持。

（2）只有当商品种类足够丰富时，企业实施全渠道销售才有价值。当消费者通过网络渠道进行消费时，线上平台展示出来的多元化商品及各方面的信息提供能吸引消费者的目光，满足其个性化需求。

（3）企业需提供技术支持。无论是网络平台的营销，还是移动客户端的升级，都有赖于先进的技术力量，这就对企业提出了较高的要求。如果企业在技术方面存在短板，即使推出了独立平台，其运营也难以取得成功。

◆ 客户体验的复杂性

通过对顾客的消费行为及消费习惯进行分析可以发现，随着社会经济的发展，人们的消费需求也在逐渐提高，客户体验成为影响消费决策的重要因素。可将客户体验划分为 4 个组成部分：对信息服务、产品或服务、附加服务、物流服务的体验。

企业向消费者提供产品相关信息及消费者查询相关信息的渠道是否便利，能够影响消费者的信息服务体验。在全渠道时代，如果企业的信息推送方式给消费者造成干扰，就会引起对方的反感。

另外，消费者对产品的评估及企业的处理方式也能对体验效果产生影响；消费者对产品或服务的体验，主要体现在商品或服务本身是否物有所值，绝大多数消费者都注重这个环节；企业在向消费者提供优质产品的基础上，可以推出附加服务，更好地满足消费者的相关需求；物流服务的体验效果，主要取决于产品配送的安全性与及时性。

消费者体验包含许多复杂因素，消费者的经济实力、消费动机、所属群体、消费领域等，都会影响其最终体验效果。消费者对产品的感知受到多种因素的影响，有时同样的产品，客户体验效果也会因人而异，这导致消费者体验的不同。

◆ 各渠道之间的整合

企业在实施全渠道销售模式过程中，需要利用现有资源，通过先进技术的应用，将不同技术平台的运营打通，但很多企业在这方面都存在问题。企业要消除线上渠道与线下渠道、实体渠道与虚拟渠道之间的隔阂，才能实现全渠道运营。

为此，企业在完善实体店运营的过程中，还要实现与线上渠道之间的有效互动与相互配合，要实现这一点并不容易。国内很多零售连锁企业因为在技术方面存在短板，在整合各技术平台的过程中都遇到了很多阻力。

◆ 各渠道之间的管理

一方面，有些企业的线上渠道与线下渠道在运营中各自为政，渠道间缺乏有效的交流互动，难以实现线上、线下渠道间的对接，部分企业还存在不同渠道间进行市场争夺的现象。各个渠道的产品价格不一致，导致企业在实施全渠道销售模式的过程中遇到瓶颈。

另一方面，目前还有很多企业并未进行全渠道布局，很多采用全渠道销售模式的企业出现严重的人才短缺问题。无论是消费者信息获取、全渠道销售模式的推行，还是新型营销战略的实施，都依赖专业人才的特长发挥，但企业在现阶段尚未建立起专业的人才队伍。

◆ 杜绝盲目寻求发展捷径

如今，“代加工”模式成为许多国内企业的选择，那些尚未发展成熟的企业更是希望自己可以与国外上市公司达成合作关系，以“代加工”的方式扩大自身规模，并提高自身发展的持续性。这种方式虽然能够拓宽企业的发展思路，但也反映出企业脱离了国内市场，无法建立有效的国内产品供应体系，导致市场上存在许多假冒伪劣产品。

此类问题的出现不仅损害消费者的利益，也给企业的产品销售带来阻力。滥竽充数会给企业的声誉带来负面影响，使消费者的认可度大打折扣，影响企业的产品销售。

第 3 章

全渠道O2O：实现线上线下一体化运营

3.1 零售 O2O：构建新零售时代的全渠道闭环

◎ 全渠道 O2O：零售一体化运营

最近几年，由于国际经济发展势头不佳，使我国零售业所处的整个宏观经济环境深受影响，实体零售业发展面临着内外双重困境。在内部，实体零售企业要面临店铺租金、人力成本持续上涨问题；在外部，实体零售企业要应对互联网电商、移动电子商务的挑战，再加上行业内部同质化竞争越发严重，导致线下实体店铺的经营业绩不断下滑，严重亏损，甚至出现了“关门潮”。

而在实体零售业发展势微的同时，我国线上零售业却呈现出迅猛发展之势。据艾瑞咨询发布的数据显示，2016 年上半年，我国电商交易总额达 10.5 万亿元，同比增长 37.6%；据 Trustdata 发布的数据显示，2016 年全年我国 O2O 交易额达 7291 亿元，同比增长 64%[①]。由此可见，对于零售行业来说，互联网电商与移动商务已成为新的利润增长点。

① 数据来源：《2016 年本地生活服务 O2O 白皮书》。

同时，O2O 模式还受到了政府的大力支持。在 2015 年的“两会”上，政府工作报告明确指出要推动“互联网 +”发展，推动线上、线下深入融合，为 O2O 的迅猛发展提供有力支持。现如今，传统零售企业被迫转型发展，互联网电商也在 O2O 领域积极布局，那么，双方到底应采取何种措施将线上、线下融合在一起，借助 O2O 扩展产品销售空间呢？

狭义的 O2O 就是 Online to Offline，指的是借助互联网将线上、线下结合在一起，顾客在线上下单、支付，在线下体验、获取商品与服务的一种新型商业模式。这种商业模式产生于移动互联网时代的生活消费领域，具有线上、线下互动的特点。

零售业 O2O 就是将零售业与 O2O 结合在一起，从本质上来讲，零售业 O2O 就是将线上、线下结合在一起销售产品。在零售业 O2O 模式下，零售环节没有发生变化，零售四要素——信息流、资金流、商流、物流依然存在。O2O 模式为零售业带来的改变只有线上、线下商品信息得以整合，支付环节被打通，线上虚拟体验变成了线下真实的场景服务。

对于消费者来说，零售业 O2O 这种全新的零售业态使其多方面的购物需求得到了满足。纵观零售业态的发展，便利、高效、能带给消费者完美购物体验的零售业态总是备受消费者追捧。例如，超市使消费者的一站式购物需求得到了满足，连锁便利店使消费者的紧急购物需求得到了满足，购物中心使消费者的服务体验需求得到了满足，淘宝、京东等电商使消费者的单品长尾购物需求得到了满足，零售业 O2O 模式的出现则使消费者的以上各种需求都得到了满足。

在传统电商环境下，传统零售业与互联网电商相互对立，零售 O2O 模式的出现打破了这种对立，为传统零售业触网、互联网电商布局线下提供了有效的支持。

在我国不断扩张的 O2O 市场上，零售占据了非常大的比重。所以，在移动互联网及移动商务迅猛发展的形势下，零售 O2O 模式的出现是大势所趋。

◎ 我国零售 O2O 模式与典型案例

在全球经济不景气的大环境下，为摆脱生存危机，传统零售业开始朝线上发展，纯电商开始向线下渗透，双方都在积极探索相互融合的 O2O 模式。但由于没有经验可循，没有成功案例可依，零售企业只能在探索中前进。在探索过程中，我国零售业形成了几种比较具有代表性的 O2O 模式，具体分析如下。

◆ 苏宁云商 O2O 运营模式

苏宁将店商、电商、零售服务商结合在一起形成了云商 O2O 模式，其特点是：以自建平台的方式打造 O2O 模式，根据“一体两翼”策略完成转型发展。其中，“一体”指的是以互联网为土体，“两翼”分别指 O2O 全渠道融合与智能开放平台。

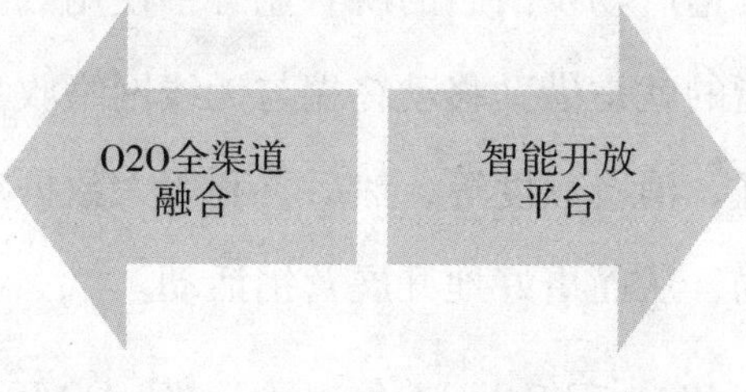

图 3－1 苏宁 O2O“一体两翼”策略

(1) O2O 全渠道融合

传统零售商的转型发展经常采用线上、线下各自为战的双线发展策略，经常出现线上渠道与线下渠道相互博弈的局面。苏宁统一线上电商平台与线下实体门店的商品定价，有效地防止线上、线下相互博弈局面的出现，实现了全渠道融合。

（2）智能开放平台

在 O2O 模式落地之前，苏宁实体店的功能就是销售产品；在 O2O 模式落地之后，苏宁实体店的功能逐渐丰富，汇聚了商品展示体验、娱乐、售后服务、市场推广等多种功能，成了一个集仓库、售后服务点、快递点、自提点于一体的新型门店。同时，苏宁实体店还设有免费 Wi－Fi、电子货架、电子标签，可以借助互联网技术对顾客的消费行为进行整理、分析，以大数据来指导商品销售，提升销量。

◆ 万达“线下商场＋电商”的 O2O 模式

万达 O2O 模式的特点是以大会员、大数据体系为核心。大会员体系指：

（1）会员资格通用：在所有万达广场与门店中，会员资格都是通用的。

（2）积分通用：顾客在万达广场与门店消费获得的积分与货币等效，且积分可在万达广场及门店的所有业态中使用。

大数据体系指的就是借助移动终端与无线网络收集会员信息，如消费次数、消费偏好、消费额度等，然后再利用大数据对这些信息进行分析，调整商家布局，从而更好地开展营销活动。

◆ 京东大数据、商品、服务三合一的 O2O 模式

京东 O2O 模式的特点是与线下实体店合作，以自建物流体系与成熟的供应链为核心，以强大的线上大数据分析能力为支撑，与实体店广泛分布的特点、快速配送优势形成互补。具体来看，其 O2O 模式的构

建分三步进行：

图3-2　京东O2O模式的构建策略

（1）和1万多家分布在15个城市的便利店达成合作，完成京东到家O2O的布局。该布局完成之后，消费者在京东平台下单，与其合作的便利店负责商品分发、配送，有效地缩短了商品配送时间。

（2）和生鲜企业合作完成生鲜电商的布局。例如，京东与獐子岛合作，京东开放平台端口，獐子岛提供高效的生鲜供应链系统，从源头把控生鲜产品质量与供应、配送效率。

（3）和服装专卖连锁店合作拓展产品线，下沉渠道。通过与服装连锁专卖店的合作，京东可以寻找合适的机会扩充产品线，实现渠道下沉；同时，借助京东的大数据系统，与之合作的服装连锁专卖店可以开展精准营销，削减库存，达到双赢的效果。

因为零售产品不同，商业模式有异，所以，我国零售企业打造的O2O模式也有很大的差异。总体来看，目前，我国零售业O2O还处于探索阶段，还没有成功转型的案例出现。不过根据现有的O2O模式，我们可以对零售O2O进行分类，将其划分为3种类型，分别是自营式O2O、抱团式O2O、入驻式O2O。

其中，自营式O2O指的是零售企业对自有产品进行自主经营，借助线下实体门店与线上电商平台，将二者融合在一起完成O2O转型的模式；抱团式O2O指的是零售企业主动与互联网电商企业合作，多方抱团，推动O2O落地的模式；入驻式O2O指的是实体零售企业入驻第三方平台以迅速实现电商化的模式。

◎ 美国零售O2O模式的发展特点

对于零售业O2O模式的探索，国外要比国内领先，美国是其中的领军者。美国对零售业O2O模式的探索始于2008年。2008年11月，美国Groupon[①]公司开始从网友团购切入对零售业O2O模式进行探索。截至目前，美国的零售业O2O模式已非常成熟，对美国零售业O2O模式进行研究、分析，利用其结果来指导国内零售业O2O模式的构建，非常有利于我国零售业O2O模式的形成。下面就对中国零售业O2O模式与美国零售业O2O模式进行比较分析。

美国是最早探索零售业O2O模式的国家之一，其网购渗透率也比较高。据中国电子商务研究中心提供的海外监测数据显示，美国网购渗透率高达71.6%。在名称方面，美国不称O2O模式，而称全渠道零售，即零售企业为满足消费者随时随地的购物需求，对实体渠道、电商渠道、移动商务渠道进行整合来销售产品与服务，使顾客获得无差别购物体验的商业模式。具体来看，美国的O2O模式有三大特点：

◆ 既注重线上推广，又擅长利用各种渠道与资源开展营销

以梅西百货为例，其O2O模式的核心就是以商品为中心，为顾客推荐符合其消费习惯的商品，为顾客带来一种全新的消费体验。

顾客走进梅西百货的线下门店就会收到一条“开启APP”的提示，

① Groupon最早成立于2008年11月，以网友团购为经营卖点。其独特之处在于：每天只推一款折扣产品，每人每天限拍一次，折扣品一定是服务类型的，服务有地域性，线下销售团队规模远超线上团队。

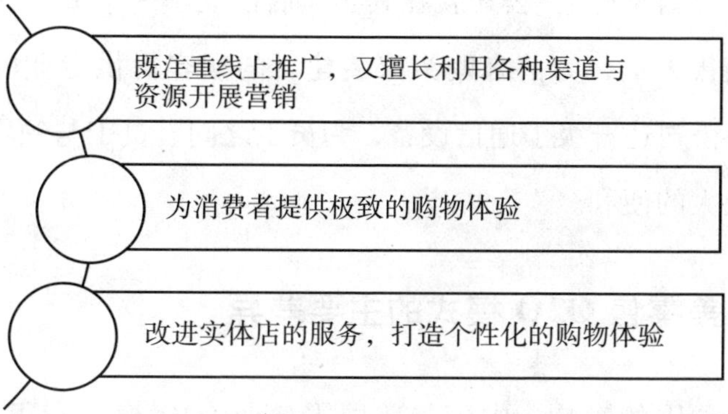

图 3－3　美国 O2O 模式的主要特点

之后，门店入口的传感器就会自动将店铺的促销信息、电子优惠券发送到顾客随身携带的移动设备上。在购物过程中，顾客可以通过 APP 获得周围商品的促销信息及其他信息，同时还能与其他社交媒体同步链接，使各个渠道无缝衔接在一起。

另外，梅西百货为了打造全渠道零售还改变了自己原有的供应链体系，将实体店改造成了物流中心，顾客可以在网上订购商品，线下门店会在顾客下单当天安排发货。

◆ 为消费者提供极致的购物体验

美国零售商以"线上线下同价、同售后服务"为原则构建零售业 O2O。顾客在网上下单之后可以选择送货上门服务，也可以选择到门店自提。如果顾客想退货、换货，无须将产品寄回，只需携带商品前往其线下门店即可。这样一来，零售商就将线上渠道、线下渠道的优势结合在一起，让消费者享受到极致的购物体验。

◆ 改进实体店的服务，打造个性化的购物体验

美国零售商为防止在推进 O2O 模式过程中忽视线下，为稳定线下实体店的客流量，不断地改进线下实体店的服务，打造个性化的购物体

验。例如，美国家得宝[①]公司就在其实体店设立了一个 DIY 工作区，聘请专业的销售人员，为前来购买家装建材的顾客提供专业的建议。同时，家得宝公司还升级了通信设备，为员工之间、员工与领导之间的交流带来了极大的便利。

◎ 中美零售 O2O 模式的主要差异

受多种原因的影响，中国与美国零售业 O2O 模式有很大的差异，具体分析如下：

◆ 主流方向不同

从主流方向来看，美国零售业 O2O 是 Online to Offline（线上到线下），也就是顾客在线上下单，再到线下实体店提取货物；中国零售业 O2O 是 Offline to Online（线下到线上），顾客在线下实体店体验，选定商品之后在线上下单。二者在主流方向上的差异主要是由两大原因引起的：

（1）我国人口较多，从地域上来讲，线下实体店的辐射范围有限；从数量上来看，线下实体店的获客量有限。而网络店铺在这两个方面没有任何限制，不仅地域辐射范围无限，客户量也无限，边际成本还非常低，固定运营成本分摊给用户之后也比较低。总之，从成本方面来看，中国电商的发展比美国更有优势。

（2）受商业环境的影响，中国的土地成本较高，使实体店的租金较高，为了盈利，实体店商就会将店铺租金附加到商品上，使商品价格较高。而网店的租金非常低，再加上人口红利的影响，快递费用较低。

① 家得宝，全球领先的家居建材用品零售商，美国第二大零售商，遍布美国、加拿大、墨西哥和中国等国家，连锁商店数量达 2234 家。

而美国的情况恰好与此相反。

◆ 核心营销理念不同

中国零售业 O2O 的核心营销理念是：以营销活动为中心，也就是借助优惠或电子券来吸引客流，改变顾客的购物习惯。该理念没有对商品营销与用户体验进行充分考虑，最具代表性的案例就是低价促销。

美国零售业 O2O 的核心营销理念是：以消费者为中心，以提升消费者核心体验为目标，对自身定位、商品组合、目标客户等进行综合考虑来开展营销活动。

导致二者核心营销理念不同的原因有两点，具体分析如下：

（1）两国零售业 O2O 的推动力量有很大区别

《中国经济导报》提供的数据显示，在美国排名前十的电商中，发起于传统企业的电商占了九成，只有亚马逊是纯电商；而在中国排名前十的电商中，发起于传统企业的电商只有苏宁、国美两家，其余八家全都是纯电商。

所以，美国零售业 O2O 的发展主要受传统零售商推动，中国零售业 O2O 的发展主要受各大电商平台推动，实体零售商由于资金、实力有限，只能通过与各大电商平台合作的方式来探索零售业 O2O 模式，如入驻天猫、京东等第三方平台等。

而大型平台电商所经营的产品多具有普遍适用性的特点，实体零售商只能根据既定的产品设计场景与体验流程使用。与此同时，作为一个独立的营利组织，电商平台更关注自己的盈利模式与发展战略，很难有精力关心下游零售企业的深度运营情况。

（2）两国现代零售业的发展时间长短不一

美国现代零售业已有几十年乃至上百年的发展历史，在发展的过程中多次历经经济周期的冲击，不仅关注营销指标，还关注可盈利、可持续运营指标。而我国的现代零售业开始于改革开放时期，发展时间较短，且在发展过程中还未遇到较大挫折。

综上，借鉴美国零售业 O2O 的发展，我国零售业 O2O 模式的发展必须转变发展理念，将其核心驱动力从营销活动转变为消费者体验，要立足于消费者，根据消费者需求设计 O2O 模式，不应总是强迫消费者改变原有的消费习惯。

◎ 我国零售企业 O2O 的转型策略

我国零售企业在 O2O 转型过程中面临着非常多的困难，存在两大误区，一是盲目的电商现象，二是从众现象。受这两种现象的影响，很多零售 O2O 平台不仅没有成功推动零售企业转型，反而对其与传统零售商左右手互搏产生了限制。在这种情况下，基于中、美两国 O2O 模式的比较分析，针对零售企业 O2O 转型提出如下建议：

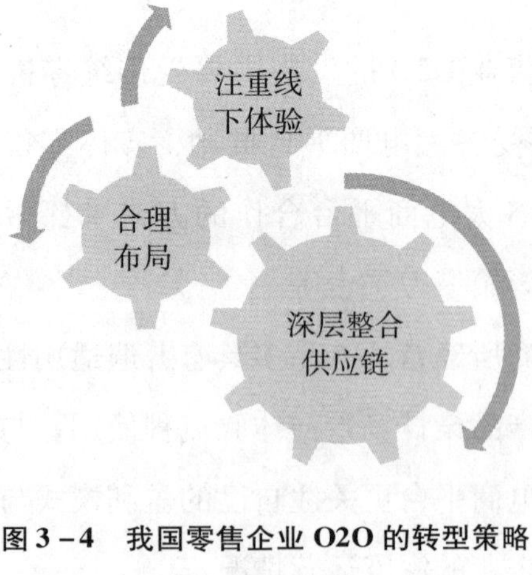

图 3－4　我国零售企业 O2O 的转型策略

◆ 合理布局

零售企业O2O转型要从自身实际情况出发合理布局，制定科学的转型方案，切忌盲从。实力强大、资金雄厚的大型零售企业的O2O转型可以采用自营方式，自建电商平台，构建线上、线下闭环；中小型零售企业的O2O转型可以选择入驻第三方移动平台，将重点放在线上用户流量领域，以线上流量为线下引流。

◆ 深层整合供应链

线上、线下的全面融合，以大数据为基础的库存调配是O2O的核心，所以，零售企业要打造O2O闭环就必须打通线上、线下数据，从深层次出发对供应链进行整合。其中线上、线下数据有会员信息、商品信息、优惠信息、积分信息、库存信息等。数据打通指的是统一管理企业设计、生产、交易、营销、仓储、配送等各个环节，实现统一采购、配送，对线上、线下数据进行同步更新，以切实提升企业供应链的运转效率，提高企业的经济效益。具体来说，供应链深层次整合要实现“三个融合”，分别是仓储融合、服务融合和门店融合。

◆ 注重线下体验

在零售O2O模式下，互联网平台也好，互联网技术也罢，都只是一种工具，零售才是本质。零售企业要想通过O2O转型提高经济效益，就必须将实体店的优势充分发挥出来，将其与互联网移动端相结合，做好与消费者的互动，提高消费者的到店频率与购买转化率。在O2O模式下，线下实体店的购物环境应具有情感化、平台化、互动性的特点，应配置免费Wi-Fi、搜索技术，打造一个舒适的购物环境，开发一款界面友好的APP，为顾客提供便捷的支付方式等，来切实提升顾客的购物体验。

目前，众零售企业都认识到：未来零售业领域不会再存在纯粹的电商或者实体商，随着消费者购物习惯的改变，线下零售企业必须积极主动地拥抱互联网电商，朝电商转型发展，O2O 是其转型发展的重要途径；同时，互联网电商也必须借助实体店来提升其影响力，获取更多的经济效益，O2O 就是其开展多业态运营，扩大市场份额的利剑。由此可见，未来在零售业领域，线上、线下融合，O2O 模式的构建是大势所趋。

如今，传统零售企业正站在移动互联网的风口上，要借力 O2O 迈进一个全新的发展阶段。传统零售企业要想打造真正的 O2O 模式，就必须从深层次出发对供应链进行整合，这对企业的运营能力是一个极大的考验，零售企业必须从自身实际情况出发，根据自己的特点来打造 O2O 闭环，创造出一种最适合自己的零售业 O2O 模式。

3.2 上下融合：全渠道时代的零售 O2O 布局

◎ 自建平台：布局电商渠道建设

2017 年 1—3 月，我国网络零售额为 14045 亿元，其中实物商品的网上零售额为 10674 亿元，在社会消费品零售总额中占 12.4%[①]。由此可见，在国内的零售市场上，互联网电商占据了较大的市场份额。

另外，中国连锁经营协会对国内连锁百强企业进行了调查，调查结果显示，中国连锁百强企业开设的网络店铺销售额多在千万元左右，其中 13% 的连锁企业开设了跨境电商，20% 的连锁企业开发了移动 APP。

在具体经营方面，通过分析中国连锁百强企业的调查数据可知，已开始发展电商业务的企业占 74%，尚未开始发展电商业务的企业占 24%。在已开始发展电商业务的企业中，54% 的企业自建了电商平台。

在营业额方面，58.7% 零售企业的网络零售额不足千万元，22.7% 零售企业的网络零售额不足亿元，超过八成的零售企业的线上零售额所占比重较低[②]。另外，还有一部分零售企业未开始研究、践行 O2O 模

① 数据来源：国家统计局。
② 数据来源：零售业 O2O 趋势分析与前瞻研究报告。

式，在落实 O2O 模式的企业中，近五成企业没有取得显著效果。

近两年，为顺应电商的快速发展之势，中国连锁百强企业开始加速发展网络业务，进行多渠道建设。线下零售企业进军电商的方法有三种，一是自建平台，二是在第三方平台开设店铺，三是自建平台与第三方平台开设店铺相结合。目前，涉及网络零售业务的连锁百强企业有 75 家，其中以自建平台模式进军电商领域的企业在一半以上，采用第二种方法发展电商的企业与采用第三种方法发展电商的企业数量相当。

发展电商业务之后，连锁百强企业的线上销售额同比增长近 5 倍，但在企业总销售额中的占比仍然较低。相关数据显示，线上销售额在 1000 万元以下的百强企业占 31.4%，线上销售额在 1000 万～5000 万元的百强企业占 31.4%，线上销售额在 5000 万～1 亿元的百强企业占 23.5%，线上销售额超过 3 亿元的百强企业占 13.7%。

中国实体零售模式以 2015 年为界限表现出了极大的不同。在 2015 年以前，实体零售企业发展电商多采用自营自建模式，最常用的方法就是自己建设一个 B2C 网站。但现如今，B2C 电商红利消失，实体零售业开始开放心态，采取合作模式来发展电商业务。

【案例】王府井百货

自 2014 年起，王府井百货开始使用各种线上手段发展电商业务，如虚拟货架、王府井 APP、扫码购、王府井微信、云店等。但这些手段并没有发挥出应有的作用，2014 年，王府井百货的电商业务亏损 4206.8 万元。为扭转亏损局面，2014 年 11 月，王府井百货在天猫平台开设了旗舰店；2015 年，王府井百货与京东达成战略合作协议，推出了“井随便刷·白条”活动。

◎ 跨境电商：提升跨境购物体验

全渠道零售的火热与国家政策密不可分。2015 年全国“两会”期间，李克强总理首次在《政府工作报告》中提及 O2O 线上、线下互动消费，将 O2O 全渠道零售打造成了实体零售商转型发展的必选之路。

对此，国务院办公厅还发布了相关文件——《关于推进线上线下互动加快商贸流通创新发展转型升级的意见》（以下简称《意见》），针对线上线下互动创新、完善政策措施、激发实体商业活力、健全现代市场体系 4 个方面提出了 18 项措施，对实体商业转型升级、商贸流通创新发展起到了指导作用。

《意见》明确指出要激发实体商业活力，引导 O2O 在零售、物流、批发、生活服务、商业服务五大领域得以广泛应用。由此可见，《意见》目标非常明确，就是要推动实体零售朝 O2O 转型发展，为全渠道零售的发展提供有效助力。

在国内市场上，进口商品价格偏高是常态，这严重打击了消费者的购物热情。但是，随着跨境电商的发展，渠道垄断被打破，中间环节减少，交易成本下降，消费者与企业能同时获利。也就是说，跨境电商蕴藏着巨大的市场发展潜力，这种潜力引起互联网零售企业的广泛关注，于是，各大企业纷纷在跨境电商领域布局。

从 2014 年开始，天猫国际、京东、苏宁等大型电商平台先后开设了跨境电商频道，进入跨境电商领域，更有一大批垂直跨境电商平台崛起。按照洋码头（垂直跨境电商）的数据模式进行计算，到 2017 年，我国跨境进口电商市场规模能达 5000 亿元，在我国网购市场上所占的市场份额能达到 7%。

从消费者的角度来看，跨境电商的竞争集中在购物体验的流畅度、购物的便捷性、物流配送速度等领域；在后端，跨境电商的竞争主要体现在供应链方面。在互联网电商、物流企业、地方保税区等主体相互作用的市场上，实体零售商有机会凭借先天的供应链优势实现率先突围。

【案例】重庆商社跨境电商

2014 年 12 月，重庆商社集团推出一个名为“世纪购”的跨境电商网站，隶属于重庆新世纪百货、重庆商社电器公司、重庆百货，除西藏、青海、新疆、内蒙古、宁夏、海南五省区之外，还可为国内其他省市区的消费者提供配送服务。

【案例】云猴全球购

云猴全球购主要发挥实体零售商海外采购方面的资源优势，与国际品牌商、分销商对接，将全国区域范围内实体零售商的线下资源整合起来形成规模优势，与天猫、亚马逊等互联网电商相抗衡。2015 年，云猴全球购对实体零售商的线下资源进行整合进入跨境电商领域，不仅与广州等保税区合作，还在宁波、长沙等城市建立线下体验店，线上与线下相结合打造 O2O 模式为消费者营造了一个安全、放心的购物环境，提升了消费者的跨境购物体验。

◎ 线下延伸：电商与实体店结合

2013 年，阿里巴巴推出一个名为“3.8 手机淘宝生活节”的活动，开始朝线下延伸布局。前期，由于阿里巴巴线下经验不足，需要与线下商家磨合，活动效果不尽如人意。后期，因为互联网电商发展进入瓶颈期，阿里巴巴、京东等互联网电商开始加速向线下延伸，阿里巴巴通过入股苏宁云商、银泰实现了线下延伸与拓展，同时，京东、聚美优品等电商也在线下开设了体验店。

在线下店商努力朝线上发展的同时，线上电商也在加速朝线下延伸，这种现象说明线上、线下两股力量已纷纷涉足对方领地，线上电商与线下实体店进入了正面交锋阶段，实体零售商有力地证明了自己的价值，同时，也迎来更激烈的挑战。

【案例】聚美优品

聚美优品第二家体验店落地北京王府井大街，面积 500 平方米，相较于其他线下实体化妆品店铺来说，聚美优品体验店的装修、选址、橱窗、服务设施等并没什么区别。只不过，在聚美优品的体验店内，货架上的商品没有标价，每个商品都附有一张二维码标牌，消费者想要了解商品详情、商品价格、顾客评价、售后服务等信息只需扫描二维码即可。门店入口位置是跨境电商的极速免税店和 O2O 体验区，体验区内设有台式电脑与座位，顾客从货架上选中商品之后可在电脑上直接下单，也可以通过电脑浏览店铺中未陈列出来，但是自己需要的商品。

【案例】京东

京东的线下母婴体验店落地北京悠唐购物中心，该体验店非常注重互联网门店形式，专门开辟、布置了一个空间供妈妈喂奶、换尿布之用，同时，还将线上下单、扫码支付等方式引入了体验店，为顾客购物提供了极大的方便。

◎ 零售支付：打造移动支付闭环

2014 年，滴滴打车与快的打车之间展开激烈的比拼，其中滴滴打车连接微信支付，扩大了其应用范围，之后，微信上线扫码支付功能，使消费者在实体店购物时也能通过电子支付方式结账。根据数据调查显示，2016 年国内移动支付交易规模为 38.6 万亿元[①]，并呈持续增长状态，在今后的发展过程中，移动支付的应用范围将进一步拓宽。

从商家的角度进行分析，移动支付除了能够为消费者提供便利之外，还能以支付为切入点，对顾客、经营方及商品的相关信息进行统计与分析，据此推进企业的 O2O 运营与实践，拉近消费者与企业之间的距离。

现阶段，阿里巴巴、京东、百度纷纷在 O2O 领域布局，在 PC 端朝移动端转移之路上相互较量，为实体零售商的发展提供了机会。在此阶段，实体零售商紧抓这一机遇，与阿里巴巴、腾讯深入合作，将移动电子支付打造成零售商布局 O2O 全渠道的一个常规环节。

数据显示，在中国连锁百强企业中，接入支付宝的企业有 58 家，接入微信支付的企业有 45 家，接入翼支付的企业有 15 家，接入银联支付的企业有 5 家，接入易付宝的企业有 2 家，接入 QQ 钱包的企业有 2 家[②]。

电子支付成为零售企业数据化改造，布局全渠道零售常规环节的原因有二：第一，阿里巴巴、腾讯等互联网巨头加速朝线下发展；第二，借助电子支付，实体零售商的消费者不仅能享受到下单立减、扫码即赠等优惠，还能让商家以支付为切入口与 APP 进行捆绑，为顾客数据留存、开展精准营销提供方便。

但是随着移动支付成为主流支付方式，实体零售店能成功打造移动支付闭环，将再次吸引、积聚更多的年轻顾客。这种变化将彻底颠覆传统零售，产生更加深远的意义。

但是现阶段，消费者应用电子支付的习惯正在培养中。近两年来，

---

① 数据来源：比达咨询公布的《2016 中国第三方移动支付市场研究报告》。

② 数据来源：中国商报研究院。

电子支付获得迅速扩张，实现了大范围推广应用。但是从消费者的角度来看，电子支付属于一项服务，需要扫码立减等活动的拉动，需要投入较多财力，耗费较长时间才能实现日常化。

◎ 场景社交：与消费者深度互动

在日常运营过程中，企业需要依靠产品与服务来聚焦消费者的目光，并逐步积累自己的忠实用户。在企业发展过程中，新兴概念只能起到助推作用，最根本的仍然是通过优质产品与服务的提供来打动消费者。

大部分用户在消费过程中都十分看重商品的性价比，只要企业能够向消费者提供物有所值的商品，就能在激烈的市场竞争中巩固自己的地位。在移动互联网高速发展的今天，企业能够缩短信息获取所需的时间，并减少资源消耗。很多消费者在使用产品之后，会对产品的功能、质量、设计等进行评价，并发布到网络平台上，这其中蕴藏着大量的市场需求。企业可以通过大数据及其他技术手段的应用对海量数据资源进行获取与分析，把握消费者的需求，据此完善自身的产品与服务，进一步开拓市场。

如今，越来越多的移动电商平台开始在运营过程中添加社交化元素，通过搭建社交场景来吸引用户参与，进而促进产品销售。对社交电商来说，仅仅通过社交平台来发布优惠信息、组织促销活动，难以实现企业的社交化运营与发展。

为了提高顾客对自身产品与品牌的忠诚度，需要利用社交平台与用户展开深度互动，增强用户与商家之间的情感联系，实现电商与社交的深度融合。在营销环节，要准确把握顾客的情感需求，激发其消费欲望，促使目标顾客做出消费决策，并利用口碑效应扩大商品的覆盖范围。除此之外，商家还要向消费者提供质量可靠的产品，从整体上提高其购物体验，促使更多消费者参与到商品与品牌推广过程中，利用社交平台的信息传播优势推动企业的发展。

在传统模式下，实体门店主要承担商品流通的任务。如今，企业主要通过实体门店来满足消费者的体验需求，并与消费者之间展开高效的沟通互动。在互联网时代下，企业可以利用网络平台进行商品销售，但线上渠道的运营缺乏现场的体验服务，也难以同消费者之间进行深度互动。

传统零售企业在早期发展阶段主要集中于实体店的运营，具有电商平台不可替代的优势。在电商行业纷纷崛起的冲击下，一大批实体企业倒闭，近几年，注重科技应用、体验打造的新型实体门店已成为市场新宠，许多实力型企业也纷纷开展线下布局。

例如，苏宁启动易购云店。这类企业在实体店经营过程中，积极引进先进技术，并在服务方面进行了创新，与自身的电商化运营相互配合，实现用户体验的升级。企业通过在线下渠道的布局，能够实现与线上渠道之间的无缝对接。

实体门店的功能不仅体现在产品展示上，还能将线下渠道的顾客迁移到线上渠道，与此同时，在线上下单的顾客，也可以到实体店进行体验。因此，零售企业在开展线下渠道运营的过程中，需要充分发挥科技优势，通过打造实体消费场景，增进与消费者之间的情感联系。

◎ 运营创新：构建 O2O 生态体系

未来，实体经济形态将持续存在，与此同时，移动互联网的渗透作用也会不断加强。单一线下渠道的运营受到时空因素的限制，传统电商在体验服务方面存在短板，相比之下，与移动互联网相结合的零售企业则能够为消费者提供更多的便利。零售 O2O 成为该行业未来发展的必然趋势，身处其中的零售企业需要抓住时机，对传统运营模式进行改革。

虽然移动互联网只是零售企业发展过程中的技术手段，但不可否认的是，其应用已经在越来越多的行业中推广开来，零售行业也不例外，该领域内的许多企业都在积极进行移动互联网转型。近年来，大数据、云计算日益兴起，各类社交工具纷纷涌现，企业相继开通移动支付功能等等，都表明了 O2O 零售发展的必然性。

对于零售 O2O，不同人持有不同的观点，但业内人士也在以下方面达成共识：企业在发展零售 O2O 的过程中，需要制订全局性的发展规划，明确自身定位，将线上渠道与线下渠道之间的运营结合起来，打造完善的生态体系。

企业在布局与发展 O2O 的过程中逐渐认识到，在具体运营过程中，不能仅仅局限于单一的线上或线下渠道。企业需要实现线上与线下之间的融合，实现消费者体验的升级。

以淘宝、京东为代表的实力型电商平台都在线下渠道开展布局，将线上的产品销售、电子支付及线下渠道的运营结合起来。实力型企业的渠道拓展，说明零售 O2O 成为该行业未来的发展走向。要实现线上线下渠道运营的一体化，就要对这两个渠道的消费者、商品等数据信息实行统一的管理，实现内外部资源的联动，将各个渠道的发展融为一体，拉近消费者与企业之间的距离，不断提升消费者的购物体验，推动自身 O2O 零售的实践。

在 O2O 模式兴起早期，一些零售企业开通了微信账号，发布网络动态页面，或者在微信平台进行信息扩散，并以“O2O 实践者”自居。事实上，零售企业的上述做法只是在信息传播渠道上进行了创新，其探索仅停留在表层。尽管很多零售企业都开展了类似布局，但因为深度不够，并未从本质上促进企业的 O2O 转型。当零售企业在 O2O 领域展开布局时，其发展形态和发展方向都会随之改变。随着零售行业与移动互联网深度结合，越来越多的企业将在产品与服务方面进行创新，使自身运营能够更好地对接消费者的需求。

在移动互联网时代下，社交工具的应用也普遍起来，人们在日常生活与工作中需通过社交互动与他人进行沟通、处理各项事务或者享受各类产品与服务。移动社交平台纷纷崛起，为用户的信息发布与扩散提供了极大支持。

在传统互联网时代下，内容生产者通过网络平台进行信息传播，用户则处于相对被动的地位。在移动互联网时代下，用户不仅能通过网络平台进行信息查询与浏览，还能独立进行内容生产，并参与到传播过程中，促进信息的大范围扩散。

企业在营销环节中，应该在把握用户需求的基础上，融入更多人文色彩，通过拉近品牌与用户之间的情感距离，促使用户自发进行二次传播，代替传统的硬性广告。

在信息技术领域，先是云计算、物联网在众多行业中得到应用，近年来，大数据又以其广阔的发展前景吸引大批经营者和投资者的目光。相较于互联网企业，因为传统零售企业的消费者多分布在其附近周边区域，在信息化建设过程中也未掌握主动权，再加上零售企业经营者本身的思维局限性，没有充分认识到数据资源的价值所在，也无法从海量数据中提取出关键有效的信息。企业通过移动互联网平台与用户展开深度沟通与互动，对产品供应企业、商品及顾客的相关数据资源进行获取，并进行深度分析与处理。未来，零售企业要与移动互联网实现融合式发展，就要提高对大数据的重视程度，通过数据统计与分析为自身发展提供精准的参考信息。

零售 O2O 未来的实践也会推进传统零售企业与移动互联网的深度融合。企业在零售 O2O 运营过程中，将以用户需求逐渐代替产品本身来组织产品生产、实施产品营销。

3.3 运营实战：传统零售的 O2O 全渠道转型

◎ 传统零售 O2O 转型是大势所趋

近几年，我国零售产业发生巨大变革，电商尤其是移动电商给实体零售企业带来了强烈冲击，单一的零售渠道已经无法充分满足消费者的个性化需求，跨渠道、跨平台的全渠道零售模式受到越来越多企业的认可。

全球经济长期持续低迷，我国经济转型正处于关键时期的背景下，国内零售企业的盈利能力明显下滑，为了存活下来，很多零售企业选择采用价格战、同质化竞争等方式提高客流量和交易额，但这也对整个零售业态带来了极大的负面影响。

未来，零售行业的竞争将会越发激烈而残酷，传统零售企业将会面临巨大的生存压力，电商企业的发展形势同样令人担忧，一方面，电商平台的流量红利日渐消失，获客成本大幅度增加；另一方面，网络购物的产品及服务体验缺失问题始终未能得到有效解决，这一点在家电、家居等十分注重线下体验的产品方面表现得尤为严重。

零售从业者需要明白的是，造成传统零售企业或者是电商企业面临较大生存压力的，并非是由于双方的相互冲击造成的，问题的根源在于消费需求发生了重大改变，无论是传统零售，还是电子商务都无法充分满足移动互联网时代广大民众的个性化需求，只有转型为全渠道零售模式才能从根本上解决这一问题。

电子商务模式之所以在我们心中有着如此强大的颠覆力，和媒体的过度炒作是分不开的，长期以来，电商销售额在我国社会零售消费品总交易额中占据的比例相对较小，直到近两年，才刚超过 10%。

衡量一个商业模式是否成功的重要依据，就是其盈利能力，当我们从盈利角度分析电商模式时，很难说该模式是成功的。就算是已经实现盈利的淘宝、天猫，虽然平台方实现了盈利，但入驻平台的大部分卖家都是亏损的。有很多传统零售企业将打造电商平台视作拯救自己的救命稻草，但电商平台的盈利能力着实让人担忧。

绝大多数的电商平台只能依靠不断融资来维持生存，入驻其中的电商卖家很多都是在“赔本赚吆喝”。所以，单纯地依赖电子商务，并不能拯救陷入发展困境的传统零售企业，发展线上与线下融合的全渠道零售才是零售企业的未来。

从实体零售与电子商务的投资成本分析，虽然实体零售在供应链方面会有一定的优势，但它需要较高的租金和人力成本，而对电子商务来说，确实不用考虑门店租金，人力成本也相对较小，但需要投入大量的资源用来引流、拉新，提高用户转化率。

因此，为了实现目标群体潜在价值的深度发掘，实现投资收益最大化，零售企业需要将电子商务与传统零售进行融合，通过二者的优势互补，来为消费者提供最为优质的产品及服务。

现阶段，电商的运营模式十分多元化，B2C、B2B、C2B、C2B2C①

① C2B2C，“customer to business to customer”的简称，是指顾客通过企业电子商务平台，实现顾客与企业之间、顾客与顾客之间的信息交流。

等各种电商模式让人眼花缭乱，但从长远来看，无论企业采用何种模式，都需要将 O2O 作为核心发展方向。以阿里巴巴和银泰的合作为例，阿里作为国内电商巨头，其在流量及数据服务方面具有绝对领先优势，而银泰作为一家有着多家门店的实体零售品牌，能够为线下消费者带来优质的产品体验及售后服务。二者通过战略合作，实现了资源互补，能够为双方创造出超乎预期的价值回报。

电商企业在租金和人力成本方面有一定的优势，而且能够辐射全国甚至全球地区的消费者。但由于物流时效、假冒伪劣等问题的存在，导致将流量转化成为客流的成本极高。而实体零售门店虽然可以直接让消费者体验产品，并为之提供优质而完善的售后服务，但其门店租金成本和人力成本持续上涨，与此同时，一个门店服务的顾客总量也是有限的。所以，将实体门店与电子商务进行融合，降低成本、提升用户体验与运营效率就显得尤为关键。

◎ 借助多渠道实现门店 O2O 引流

由于社交媒体平台的强大引流能力以及极高的用户黏性，使越来越多的零售从业者给予其高度关注。曾经有业内人士提出，实体零售商可以和微信、微博等社交媒体平台进行合作，利用社交媒体的强大引流能力，来拓展新的销售渠道。但社交媒体平台本身的特性，决定了这种尝试恐怕很难取得成功。

社交媒体平台的发展逻辑是先留住用户，并提高用户活跃度，然后再探索商业价值，而电商只不过是其完成价值变现的渠道之一，社交媒体平台最为核心的始终是满足人们的社交需求。

虽然社交媒体平台也存在着打赏、电子商务、广告营销、内容付费等多种变现模式，但其盈利前景依然不被人们看好，从本质上来说，社交体验和电子商务存在着一定的矛盾。毋庸置疑的是，没有人希望自己加入的社群中充斥着大量的商业化信息。很多人会认为微信在商业化探索方面太过保守，其实这正反映了社交媒体平台所遭遇的变现困境，通过牺牲用户体验来换取短暂的商业利益，绝非明智之举。

传统零售企业应该怎样进行全渠道转型呢？首先需要正确认识传统零售当前遭遇的发展困境，客流量下滑是很多实体商家面临的最为关键的问题，在投入资源用于引流的同时，还要强化门店的服务能力，争取将流量转化为忠实用户。

无论是线上渠道，还是线下渠道，零售企业始终要对选品、渠道、交易、售后服务、场景体验等诸多环节给予高度关注，因为决定零售企业能否生存的关键始终在于，能否为消费者带来完善的购物体验，而这些环节对用户的购物体验会产生直接影响。

与此同时，实体零售企业还要借助电商平台、企业官网、社交媒体、视频网站、购物 APP 等诸多渠道，来引入更多流量，并提高用户黏性。重视大数据、物联网等新一代信息技术，再发掘用户潜在需求、高效配置自身资源、强化供应链管理能力等诸多方面的巨大价值。

传统零售企业进行全渠道转型，不仅是打破自身发展困境的有效手段，更是新时代背景下使自身能够生存下来的必然选择。传统零售企业要想成功转型为全渠道零售，需要做到以下 3 个方面：

（1）以开放共赢的心态和有实力的线上零售商进行合作；

（2）确保合作伙伴之间能够共享优质资源，实现优势互补；

（3）打造高效灵活的供应链管理体系。

◎ 实体零售 O2O 转型的五大策略

现阶段，实体零售店转型有两大方向，一是实体店铺升级改造，增强商品的吸引力与竞争力，提升供应链效率；二是拓展 O2O 全渠道零售，增加接触点，让商品通过各个渠道与消费者接触，来增强自己的竞争力，应对行业不景气之势。

根据官方定义，O2O 全渠道零售指的就是企业为满足消费者随时随地购物的需求，对实体渠道、移动电商渠道、电商渠道进行整合来销售产品与服务，让顾客享受到无差异购物体验的一种零售模式。

在零售行业内，O2O 全渠道零售的概念早已出现。面对这一新出现的概念，零售企业从最初的看不懂，不重视发展到理性审视、客观面对，这种转变足以证明实体零售商面对 O2O 全渠道零售这一概念的心态正在逐渐成熟。

现如今，O2O 全渠道零售已成为一个热议话题，那么，到底什么是 O2O 全渠道零售？面对 O2O 全渠道零售，零售商要采取何种措施呢？

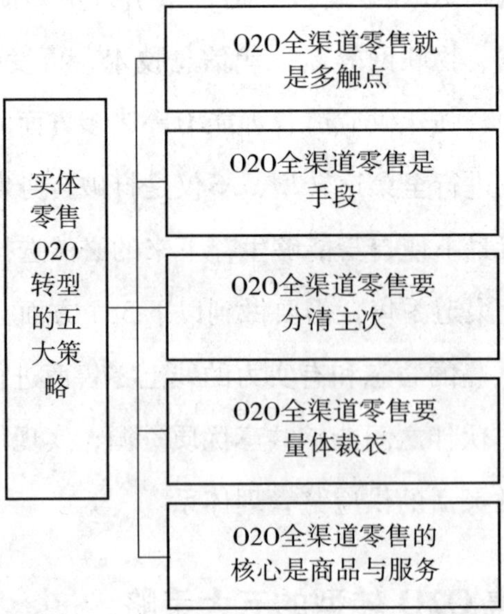

图 3-5　实体零售 O2O 转型的五大策略

◆ O2O 全渠道零售就是多触点

从本质来看，渠道就是触点，以此类推，O2O 全渠道零售就是多触点。

在 PC 互联网时代，实体零售商将 B2C 电商视为发展 O2O 全渠道零售的主要方式。在很多实体零售商看来，建立电商网站就是发展 O2O 全渠道零售。于是，各大实体零售企业纷纷投入巨资创建自己的 B2C 网站。

后来，随着微信、各种在移动端基础上发展起来的 O2O 工具的出现，企业在线下商品电子化基础上开发的 APP 应用程序成为实体零售企业发展 O2O 全渠道零售的主渠道。在这种情况下，实体零售商认识到，建立电商网站不是发展 O2O 全渠道零售的唯一途径，要推行 O2O 全渠道零售战略，还可以入驻第三方平台。

总体而言，随着人们对全渠道认识的加深，认识到 O2O 全渠道就是多触点。未来，随着互联网应用的发展，随着越来越多新渠道的出现，零售商可以从自己的需要出发对企业战略进行调整，选择适合企业发展的渠道。

根据“渠道就是触点”的这一说法，其实过去零售商采用的目标销售、电视销售、异业联盟销售都属于 O2O 全渠道零售，只不过当时 O2O 全渠道零售的概念尚未出现而已。

◆ O2O 全渠道零售是手段

随着 IT 技术、互联网应用在 O2O 全渠道零售领域的持续深入，一部分实体零售企业忘记了自己的初心，忘记了开展 O2O 全渠道零售的目的。例如，一些实体零售企业家追赶潮流，非常关注新概念，企业 O2O 全渠道零售架构异常复杂，基本的商业逻辑日渐模糊，一些构想的盈利模式超出了人们的想象，令人难以理解。

事实上，对于实体零售企业来说，O2O 全渠道零售只是一种手段，其目的是加速实体零售企业转型以更好地应对行业寒冬。但很多零售企业都将 O2O 全渠道零售当作目的，偏离了预定的发展方向，引用最新技术，照搬最新理念，最后，企业最初设想的目的也没有达成。

◆ O2O 全渠道零售要分清主次

实体零售商的 O2O 全渠道零售之路有一个无法回避的问题，就是线上、线下的主次问题，线上、线下谁要为谁服务的问题。

纵观实体零售企业的 O2O 全渠道零售发展历程，可将其分为三个发展阶段：

第一阶段，线上线下并举，各自为战。以步步高为例，步步高最初发展电子商务时就采取了线上线下并举的策略，步步高的线下实体店与网上商城各自为战，双线发展。

第二阶段，线上与线下整合。在第一阶段尝试失败之后，实体零售企业开始对线上、线下进行整合，尝试将这两条渠道打通。例如，线下的苏宁电器与线上的苏宁易购采取“同价销售”策略，并在后台将商品供应链打通。

第三阶段，线上线下主次分明。在零售商为整合线上、线下渠道耗费大笔资金之后，实体零售商开始理性地思考线上、线下的主次问题。在这个阶段，实体零售商对 O2O 全渠道战略进行了调整，将其转变为线下为主、线上为辅，线上为线下服务的战略。例如，优衣库、宜家等实体零售企业用互联网辅助线下销售，有效地增加了实体店的产品销量。

◆ O2O 全渠道零售要量体裁衣

通过上面分析可知，渠道就是触点，换句话说就是，任何能与目标顾客接触并达成交易的触点都是渠道。

自从进入移动互联网时代以来，作为触点的第三方平台数量逐渐增加，这就表明，实体零售商可选择的触点越来越多。传统的第三方平台有淘宝、天猫、京东、苏宁易购及一系列在 LBS 基础上发展起来的服务平台，如微信、飞凡 APP 等。除此之外，实体零售商还能自建电商平台，自行开发手机 APP。

随着可选择的渠道越来越多，实体零售商要从企业特点出发选择合适的渠道，打造独属于自己的 O2O 全渠道零售战略。例如，步步高在经历 PC 电商、云猴 APP 等多次失败之后，终于以跨境电商、生鲜电商为切入点成功构建起独属于自己的 O2O 全渠道零售战略；天虹在经历 PC 端失败之后转战移动端，将网上天虹、天虹微品、天虹微信、虹领巾整合在一起，构建起集实体店、移动端、PC 端于一体的立体电商模式。

由此可见，实体零售企业布局 O2O 全渠道零售战略必须从自身实际情况出发，深思熟虑、量体裁衣，打造适合自己的 O2O 全渠道零售。

◆ O2O 全渠道零售的核心是商品与服务

中国连锁经营协会发表文章表示，从 2015 年美国零售百强数据来看，消费者是 O2O 全渠道零售的核心，美国实体零售商之所以能成功推行 O2O 全渠道零售，就是因为其对消费者及其消费行为做了深入的调查与分析。

国外研究机构也表示，O2O 全渠道零售产生于以消费者为中心的理念，线下实体店百思买就是倡导“以消费者为中心”理念的典型代表。

同理，实体零售商也要回归零售行业的本质来推行 O2O 全渠道零售战略，也就是要以商品与服务为核心，不要过度关注那些层出不穷的新概念、新技术。当然，不可否认，互联网新技术有效地增加了零售商与消费者接触的触点，但为了真正让 O2O 全渠道零售落地，实体零售商还是要将关注点放在商品与服务上，否则，即便有再多触点，零售商也难以吸引消费者购买。

◎ 阿里 + 银泰：打通线上线下边界

从 2013 年 5 月阿里巴巴与银泰集团共同打造菜鸟物流开始，两者不断深化合作，共同探讨有机融合线上线下的 O2O 模式，引发了传统实体零售业的持续关注和热议，并推动整个实体零售产业加快探索“互联网 +”的转型升级之路。

随着互联网对社会生产生活各领域的全面渗透融合，“互联网 +”成为一种商业常态。对实体零售业来说，与其将“互联网 +”时代的到来视为一种危机，不如看作是应对电商冲击、突破发展困境的一次机遇，变被动为主动，积极探索打通与融合线上线下的新零售模式。

从 2013 年 10 月阿里巴巴与银泰宣布联合探索有机融合线上线下的 O2O 零售模式，到 2015 年银泰商业与阿里集团全面融合，成为阿里商业生态系统中打通线上线下的重要平台。两者一系列的战略合作不仅是两个企业间的深度联合，更由于它们分别代表线上和线下两种不同的商业形态而引起了各方的广泛关注和热议，表明零售业正步入“互联网 +”时代。

传统实体零售的互联网化转型是经济新常态下的必然趋势。因此，实体零售企业不应对阿里巴巴与银泰的联合“畏之如虎”，而应从中学习、借鉴和探索自身的“互联网 +”转型路径。

具体来看，线下实体零售与数字化零售的打通融合将实现两大改变：一是让实体零售商从等待客户上门的“坐商”转变为“行商”，利用大数据技术实现买卖双方的精准高效对接；二是通过线上线下全渠道的一体化管理，实现人、货、场的完美融合，提高实体零售转化率。

未来，不论是单纯的电商模式还是实体零售店都不可能很好地存活，线上线下的贯通融合才是零售企业的必然选择。实体零售企业转型 O2O 时，将经历一个“营销推广－形象推广－回归促销常态”的适应、探索过程。即实体零售企业对 O2O 的定位，从最初的营销推广手段，上升为形象推广渠道，最终打破线上线下的割裂状态，将 O2O 融入实体零售的基本营销策略和营销常态中。

实体零售企业在转型 O2O 时最常见的问题是过于急功近利，将 O2O 片面地理解为拓展线上销售渠道和数字化业务，并希望快速获取投入回报。在这种情况下，实体零售企业构建的 O2O 模式自然无法打破线上线下的割裂状态，实现全渠道的打通与融合。结果，对很多实体零售企业来说 O2O 成为一个可有可无的部分，没能真正给企业销售与利润的优化提升带来助益。

有机融合线上线下的 O2O 零售需要一种全新的社群商业思维和运作逻辑，而实体零售企业急功近利地追求销售规模的扩张，必然会使自身陷入以往大规模、标准化的电商运作与竞争逻辑中，从而阻碍以用户为中心、注重个性化诉求和服务体验的社群电商的打造，不利于企业实现“互联网＋”的转型升级。

“互联网＋”是实体商业未来发展的必然趋势。虽然当前众多实体企业的 O2O 模式尚处于起步探索阶段，远未完成线上线下的打通融合，但这却是实体零售互联网转型变革的一个必要过程。随着互联网整体商业生态的优化成熟以及对 O2O 理解的深化，实体企业的 O2O 变革也将从单一的促销诉求和形象推广，回归到日常营销策略和保障销售增长的定位。因此，当前实体零售企业面临的一个挑战是：O2O 转型不一定会成功，但不转型一定会被淘汰。

“互联网+”对所有企业来说都是一次实现跃迁式成长的巨大机遇。阿里银泰模式则为实体零售业的“互联网+”之路提供了有益借鉴和启发。实体零售企业应基于自身经营状况和发展诉求，积极探索自身的O2O模式，有机融合线上线下，建立更具生命力和想象空间的“互联网+”零售形态，并带动新媒体运营、区域性线上三方交易平台、同城快递服务等配套产业的发展，最终构建出一个基于社会化分工、各方协同的新零售产业生态系统。

◎ 实体零售构建O2O的实践路径

阿里银泰致力于打造的有机融合线上线下的O2O模式是未来零售业发展的必然趋势。对实体零售企业来说，该如何转型“互联网+”，构建自身的O2O发展路径呢？大致来看，可以从以下几点切入：

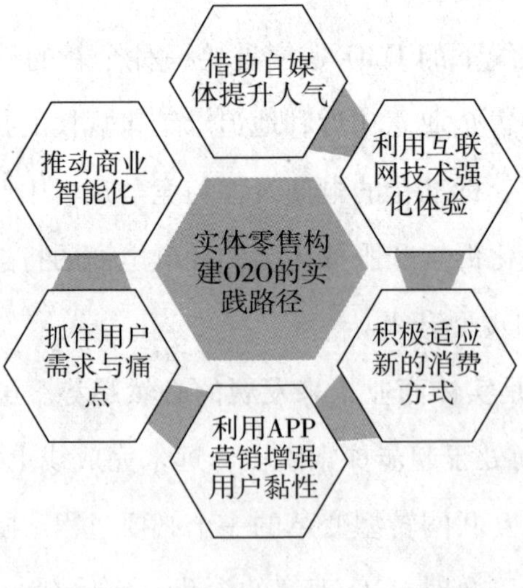

图3－6　实体零售构建O2O的实践路径

◆ 借助自媒体提升人气

随着微信、微博等社交媒体的不断发展成熟，越来越多的企业开始将自媒体平台作为产品营销推广和品牌塑造传播的重要领域。相关研究曾指出，借助微信平台强大的媒体传播属性，企业公众号中 10 万个粉丝的传播效果相当于一张地方性报纸，100 万个粉丝所具有的传播效应相当于全国性报纸每天一条头条新闻。而与报纸广告需要大量的资金投入不同，微信公众号不仅传播成本低，且营销的广度和精准性也是传统媒体无法比拟的。

正因如此，天虹、银泰百货、广州友谊等越来越多的传统零售企业都纷纷在微信平台开通官方公众号，为顾客搭建门店导购、活动推送、电子会员卡、在线购物、电子支付等各环节一体化的微信公众号购物平台，并对接实体门店运营，构建自身的 O2O 模式。

◆ 利用互联网技术强化体验

实体零售企业要积极利用日益发展成熟的大数据技术，通过对顾客、商场、企业、门店、商品等各类数据的挖掘、整合与分析，推动数据信息的高效流通与共享，实现精准运营与管理；利用 VR/AR 技术打造数字化“试衣镜”，强化用户的购物体验。同时，实体零售企业还要充分利用广泛普及的二维码系统进行数字化促销，打造自有的线上营销体系，进而通过与线下门店营销系统的无缝对接构建 O2O 零售模式。

◆ 积极适应新的消费方式

在以消费者为中心的互联网商业时代，实体零售企业只有以前瞻性的战略眼光及时把握甚至主动引领消费潮流，并积极适应用户新的消费形态，才能真正赢得消费者的认可与青睐。例如，随着移动互联网和智能手机的发展普及，越来越多的消费者在购物结算时青睐便捷时尚的手机支付方式。这就要求实体零售企业准确把握顾客在支付习惯与偏好上的变化，满足人们在消费支付方式上的多元化、个性化诉求。

◆ 利用 APP 营销增强用户黏性

随着移动互联网的发展成熟，手机成为最主要的流量入口，各类 APP 应用大量涌现，APP 营销成为零售企业新的竞争领域。然而，不同于传统的营销方式，APP 营销更多的是对人的经营，是通过持续提供优质内容吸引和黏住用户，与用户进行稳定深度沟通，实现精准营销，从而为顾客带来更好的购物体验。

因此，APP 营销并不是零售企业简单地开发出一个 APP 应用就可以获取移动流量，而是需要企业转变运营思维与逻辑，从以产品为导向转向以人为中心，通过持续输出优质内容始终吸引和黏住用户，对用户进行有效经营，从而为后续各种商业动作奠定坚实基础。

◆ 抓住用户需求与痛点

在这方面，一家名为 Ancestry 的族谱网站的成功运作为零售企业提供了诸多启发和借鉴。很多人特别是深受儒家文化影响的人群，都希望能获取消失的家谱信息，找到自己的家族渊源。Ancestry 为用户提供付费和免费两种服务模式，可以帮助人们寻找个人家庭谱系和宗族远亲，从而满足了用户的不同需求。

基于庞大的数据信息库，Ancestry 可以帮助付费用户发现可能的远亲，并通过提供数据、资料、中介、信息传送等相关服务，帮助用户与可能的远亲见面或通过网站平台进行沟通。同时，付费用户从 Ancestry 获取的相关资料也有助于他们完善个人家族历史谱系。

对于免费用户，Ancestry 则允许他们建立和分享家庭树，在 Ancestry 中上传照片、文档和家庭故事，并在线邀请朋友浏览。即 Ancestry

可为用户免费提供建立个人家族历史谱系的服务。

研究数据显示，Ancestry 族谱网站的年创收规模高达 5.4 亿美元，网站访问者平均每天的停留时间接近 20 分钟。该族谱网站能迅速构建行业核心竞争力、实现快速发展的一个关键，是精准把握了用户需求，围绕用户的“寻亲”痛点提供切实有效的解决方案，从而赢得了用户的认可和青睐。

对实体零售企业来说，在探索自己的“互联网 +”之路时，也应突破以往商业思维与运作逻辑的束缚，学习 Ancestry 从用户需求出发、围绕用户痛点不断增强自身产品与服务能力，为用户提供有效解决方案和优质体验的做法，实现自身的互联网化转型升级。

◆ 推动商业智能化

虽然电商的快速崛起对商超、购物中心等传统实体零售造成了巨大冲击，但绝不意味着线下实体零售将走向消亡。实际上，不论是线下实体零售还是单纯的线上营销模式，都不可能在未来获得很好的生存发展，打通并有机融合线上线下的 O2O 模式才是未来零售业的必然趋势。

这种线上线下的融合既为顾客提供了便捷获取信息、更多商品选择和便捷支付的线上体验，又充分发挥了线下实体店在体验性、服务性方面的巨大优势，解决了电商“最后一公里”的配送、体验性不足等方面的难题，从而为用户创造出更多、更好的体验价值。

面对不可逆转的互联网化大潮，传统实体零售企业不应畏惧、逃避、裹足不前，而要转变心态与思维，深刻理解以消费者为中心的互联网商业本质，从顾客需求和痛点出发，在开拓数字化业务的同时，充分发挥出实体零售店在体验性、场景性和服务性方面的优势，构建有机融合线上线下的 O2O 零售模式，为顾客提供无缝对接、一站式的全渠道零售体验。

第 4 章

数字化零售：实体零售的大数据运营策略

4.1 零售大数据：思维、商业与管理的变革

◎ 思维变革：颠覆传统零售理念

随着数据采集技术与存储技术的进步，零售业将逐渐形成零售业大数据。通过挖掘、分析这些大数据，零售企业将获得巨大的商业价值，其服务也能得以有效创新，但前提是要明确大数据为零售业带来了哪种变革需求。

大数据与零售行业相结合，一方面要从思维、商业、管理等角度对大数据为传统零售业带来的变革进行阐述，另一方面要从数据采集、数据整理、数据分析、数据诠释等角度对大数据给零售业带来的变革进行分析，同时还要对大数据为零售业带来的与隐私问题有关的挑战进行解释，并就零售业如何应对这些挑战进行探讨，如扩大数据采集面、利用数据挖掘技术分析大数据、增加数据采集的深度、利用数据可视化技术对数据进行诠释等。

大数据指的是利用传统数据库工具无法处理的数据，具有容量大、增长速度快、处理速度快、数据类型多样的特点。现如今，在数据采集与存储技术不断发展的情况下，零售业也形成了大数据，通过挖掘、分

析这些大数据，零售企业能有效地创新服务，获得巨大的商业价值。例如，更准确地把握消费者需求，开展精准化营销；变革供应链模式；对商品进行精细化管理；等等。当然，要想更好地利用零售业大数据，首先要明确大数据为零售业带来了哪些变革需求。

维克托·迈尔[①]提出了大数据思维带来的3个典型变化：第一，样本等于总体，这种思维模式与过去以样本为基础开展统计分析的思维模式有本质区别；第二，不再过于追求精确性，在大数据中“噪声”与罕见事件非常常见，这些数据会对结果的精确性产生不良影响；第三，相较于因果分析来说，相关分析更加重要，因为在大数据时代，相较于“为什么”来说，人们更关注“是什么”。这种大数据思维与传统零售业的结合将为人们带来如下启示：

（1）要对所有与零售商特定目标有关的数据进行分析，而不是通过分析样本来对总体进行推断。当数据采集与存储变成现实时，样本统计分析推断总体的方式就难以使企业的数据使用需求得到满足。零售商通过对海量的销售数据进行分析、利用能对客户需求做出精准预测，进而开展精准营销，以切实提升零售业的运营效率，使零售商所获利润得以显著增加。

（2）不再追求精确性，接受数据噪声。如果零售企业过于追求数据的精准性，就只能利用5%的结构化数据，95%左右的结构化数据与非结构化数据都无法使用，使数据资源被浪费。所以，零售企业为了使数据得以充分利用，最大限度地对数据价值进行挖掘，将经营管理目标落到实处，就必须接受数据噪声，允许冗余数据、错误数据存在。

① 维克托·迈尔（Viktor Mayer）是十余年潜心研究数据科学的技术权威，他是最早洞见大数据时代发展趋势的数据科学家之一，也是最受人尊敬的权威发言人之一。

（3）在分析数据的过程中，零售商要对事物的相关关系（不是因果关系）进行科学分析。相关关系能指导零售商从不同角度对问题进行观察、分析，以明确问题处理方法使其处理效果达到最佳。并且，相较于因果关系来说，相关关系更加有效。

例如，沃尔玛通过分析数据得知在飓风来临前蛋挞的销量会显著增加，于是将蛋挞与飓风用品摆放在一起，有效地提升了蛋挞销量。在这个案例中，沃尔玛通过对蛋挞销量与飓风关系的分析获得了提升销量的有效方法，这说明，在大数据时代，对相关关系进行分析非常必要且重要。

◎ 商业变革：传统零售业的变革

电商等数据巨头的发展为传统零售业带来了巨大冲击。现阶段，由于阿里巴巴、京东等互联网电商在零售市场上占据了较大的份额，传统零售业受线下市场萎缩、商品定价弱势等因素的影响利润流失严重，所以线下零售业出现了很多“唱空百货”的声音。

目前，传统零售业面临的问题较多，如零售商品价格管理体系不科学，导致相同商品在不同零售门店出现了不同的价格；营销不便利，导致年轻的顾客大量流失；等等。并且，传统零售商无法通过数据分析来获知消费者的喜好，无法开展精准营销。基于上述问题，传统零售业必须做出变革与调整。

传统零售业变革调整的一个可行化路径就是线下购物体验化，具体来说就是对线下购物环境与方式进行改善，给消费者提供更多特殊的、在线上无法获得的购物体验，最典型的案例就是传统百货购物中心化。例如，上海购物中心 K11 在其店内设置小型农场，让顾客亲自体验种植的乐趣。再如，北京的乔福芳地打造了一个艺术气息浓厚的购物中心，让顾客可以亲自感受、体验艺术的魅力。

当然，传统零售企业的转型不能凭空产生，要以了解客户心理需求与偏好为基础，要做到这一点，传统零售企业就必须深入大数据领域对客户的商业需求进行充分挖掘。在这方面，银泰是典型代表。银泰在其购物中心设置 Wi－Fi 来对用户数据进行收集，从而对顾客的性别、年龄、习惯、偏好、搭配、购物频率等进行分析。同时，银泰官网还会对与消费者品牌偏好有关的数据进行收集，将其与实体店数据相结合进行分析，为新开门店的选址、品牌组织、品牌位置组合提供科学依据。

在科技不断进步、大数据建设成本不断下降的形势下，会有越来越多的零售企业使用新技术、新方法对顾客的购物信息进行收集，如购物偏好、购物频率、商品组合等，以积累数据资本，引导零售业实现变革。

◎ 管理变革：重构企业运营决策

在传统管理模式下，管理者根据自己的知识、经验、直觉形成的主观判断会在很大程度上对零售企业的经营决策产生影响。在这种决策模式下，决策过程缺乏监控，无法对决策执行过程中形成的数据进行收集、分析与提取，无法对数据决策与决策结果间的关系进行明确。这种主观决策方式产生的原因在于：传统零售企业的营销数据分散在各个部门，对其进行收集、整合、分析比较困难，在这种情况下，数据自然难以实现高效利用。

随着大数据时代的到来，零售企业的决策方式要从管理者主观判断慢慢转向以数据为指导。以沃尔玛为例，这个全球性的零售企业率先以大数据分析为支撑进行企业决策，另外，为提升大数据成果的利用率及存货管理、供应链管理的投入回报率，沃尔玛还开发了 Retail Link 工具。

借助该工具，供应商可以提前知晓沃尔玛旗下各个门店的商品销售情况与库存情况，以在沃尔玛发出指令之前自行补货，减少商品断货情况的发生概率，提升供应链库存管理水平。在这种情况下，供应商能有效地控制商品陈设，沃尔玛门店也能有效地控制库存成本。

也就是说，借助 Retail Link 工具，沃尔玛不仅有效地提升了服务质量，还减少了在供应链管理方面的投入，使企业的运作效率与利润得以大幅提升。沃尔玛将大数据引入销售管理，利用大数据支持决策，使其零售业管理步入了一个新的阶段。

在互联网时代，日新月异的信息技术为零售企业存储销售信息、采购信息、员工信息等提供了极大的便利。将这些数据纳入企业的数据库，利用数据挖掘对其进行处理，可以为企业的数据决策提供有效支撑。未来，随着大数据时代的来临，数据决策必将成为零售企业最主流的决策方法。

随着在云计算机基础上发展起来的应用的发展及各种社交网络的普及应用，“隐私”问题成了大数据发展面临的最大挑战。在零售领域，商品的销售信息、顾客的消费习惯都能转化为各种数据存储到数据库中。再加上与大数据有关的法律尚不健全，网络监管不力，导致数据泄露问题难以解决。由此可见，大数据就是一把“双刃剑”。

零售企业能通过大数据获益，同时，消费者的隐私也都以数据形式存储在数据库中。零售业进入大数据时代之后，隐私泄露及与隐私泄露有关的问题会成为频发问题，要想更好地维护零售业大数据环境，就必须使这些问题得以有效解决。对于零售企业来说，安装杀毒软件、设立防火墙是非常有效的防止隐私泄露的方法。

现如今，互联网电商在大数据利用方面已取得了诸多成绩，线下店商在大数据利用方面则落后很多。从另一个方面来讲，落后则意味着线下店商在大数据利用方面还有很大的进步空间，有机会借助大数据完成转型发展。

4.2 数据运营：大数据在零售业的应用实践

◎ 数据采集：掌握企业经营状况

在大数据时代，传统零售业发生了诸多变革，其中最根本、最重要的变革就是统计思想与统计方法的变革。只有从数据采集、数据整理、数据分析、数据诠释整个流程进行变革，未来传统零售业才能更好地与市场需求相适应。

具体来说就是，在数据采集方面，零售企业要合理使用行业最新技术来扩大数据采集面，从各个渠道采集数据，保证数据来源多样化；在数据整理方面，要对采集到的数据进行细分，将其分为两类，一类是企业层面的宏观数据，另一类是顾客层面的微观数据，并使用不同的方式对数据进行处理；在数据分析方面，要摒弃传统的假设验证分析法，采用以大数据算法为基础的相关性数据挖掘法；在数据诠释方面，要将可视化技术、人机交互技术、数据起源技术引入数据诠释过程，对传统的统计数据诠释进行改革。

同时，零售企业在使用大数据时还应注意一个问题，就是大数据并不是完美无缺的，要合理地规避大数据带来的负面影响，合理地设定数据与隐私之间的界限，对已掌握的数据做出科学的取舍。

传统的统计步骤由4部分组成，分别是数据采集、数据整理、数据分析、数据诠释，在传统的数据统计理论下，每个部分都有自成体系的内容与方法论。随着大数据时代的来临，零售企业的数据统计方法也会发生相应的变革，这种变革贯穿了传统统计分析的整个流程，包含数据采集、数据整理、数据分析、数据诠释4部分内容。

零售业数据采集的对象主要是顾客的购买行为、商品销售情况、企业财务状况等，通过这些数据，企业可以对日常的生产经营状况进行分析。在传统的统计方法下，企业往往通过对客户群进行随机抽样调查来采集原始数据，收集各种销售报表及财务报表，对数据进行处理、分析，并对其进行合理应用。借助这种数据采集方法，零售企业采集到的数据多为结构化数据，且在应用方面会受到诸多限制。

如今，企业的日常运营活动会产生大量信息，这种信息生成状态将持续到未来很长一段时间。在这种形势下，传统数据采集方式的应用效率越来越低，难以满足现代企业的生产、创新需求，所以，零售企业的数据采集方式必须改变。从目前的形势来看，这种变革将同时出现在线上、线下的数据采集过程中，数据结构也将从结构化数据朝半结构化、非结构化数据转移、发展。

具体来说，零售企业可以对客户群的线上行为数据进行采集、存储、整理、分析，其中线上行为数据主要是顾客在零售网站留下的信息，包括浏览器保存的顾客点击行为，系统后台存储的网站交易行为等。与此同时，随着物联网及云计算技术的发展，零售企业还可以利用电子设备对消费者的线下行为数据进行采集，如利用POS机、NFC技术①对顾客在实体店铺内的行为数据进行采集等。

① NFC技术由非接触式射频识别（RFID）演变而来，由飞利浦半导体（现恩智浦半导体公司）、诺基亚和索尼共同研制开发，其基础是RFID及互联技术。

◎ 数据整理：细化零售运营指标

无论是传统的数据统计，还是大数据统计，数据整理都是数据采集之后的必要环节。数据整理指的是对采集到的各种数据进行汇总，将其中多余的、错误的数据去除，将其中的有效指标筛选出来，明确数据处理方法。在零售行业，传统的数据整理包括数据核查，数据分类与聚类，编制数据统计图表，做好统计数据资源的积累、保管工作等。

一般来说，使用传统方法对数据进行整理更能将群体水平展现出来，如某零售门店的总成交额能反映该门店的运营水平，单个商品的成交量能反映该商品的销售情况等。这些数据无法做到实时采集，只要能在周期性、阶段性的数据评估中及时获取数据即可。

传统数据能将零售行业的因变量水平反映出来，具体来说，因量变水平包括零售行业的整体运营状况、零售企业的财务状况、顾客对零售企业的整体感受等。由于这些数据都是通过标准的量表统计与调查获得的，顾客事先完全知情，所以这些数据具有很强的随意性与刻意性。

相比较而言，借助大数据，零售企业能对每一位顾客的微观表现能力进行细致观察，如在某个时间段顾客偏爱的商品类型，顾客做出购物决策所花费的时间，顾客在某个货架前停留的时间等。这些数据表现出了高度个性化的特征，对其他个体没有太大的意义。

顾客购物与企业销售的交互行为可以实时产生这些数据，数据产生完全表现出了过程性的特点。同时，数据整理能对零售行业微观营销过程中的自变量水平进行诠释，如延长消费者逗留时长的方法，增加商品销量的商品陈设方式，顾客流量最大化的店铺选址方式，等等。

在大数据环境下，受数据源与数据内容的影响，零售业的数据采集行为存在交互重叠现象，使原始数据需要清理，以将数据噪声与数据冗余去除，从而对所抽取的数据进行聚类，具体来看，原始数据清理分为三步：

第一，对采集到的原始数据进行清理、重构、填补，去除其中的冗余数据，补足缺失；

第二，对采集到的半结构化数据、非结构化数据进行处理，将其转化为机器语言，以更好地被应用软件识别、处理；

第三，对经过前两个流程处理的数据进行相关性、关联性检测，将相关性较高的数据整合在一起，对其进行进一步处理、分析。

◎ 数据分析：有效挖掘顾客需求

在挖掘数据价值方面，数据分析是非常关键的一步。一般来说，传统的零售业统计分析，在数据采集、数据整理环节结束之后，要构建模型对数据进行分析。传统的数据分析方法包括建立线性、非线性回归方程，估计回归模型参数，检验参数估计结果，对数据进行回归分析、方差分析及相关分析等。

传统的数据分析有三步：第一，对数据进行定性分析，对分析对象做出主观性判断，为定量分析提供一个科学的方向；第二，对数据进行定量分析，利用各种模型对参数进行评估，在一定置信度范围内对数据进行显著性、有效性检验；第三，对数据进行定性分析，统计、诠释定量分析结果。

传统的统计实证过程有两步，第一步是设立假设，第二步是进行检验。检验就是根据抽样分布理论，以一定的概率保证程度为依据对总体进行推断。在实际运用过程中，传统零售企业往往将原始数据录入企业信息系统，由系统自动对数据进行分析，产生分析结果，零售企业只能根据这些结构化数据及经验、理论做决策。

进入大数据时代以来，面对零售企业产生的海量数据，传统的数据统计分析方法不再适用，传统的假设验证流程在分析思路方面也不能将其优势展现出来。目前的大数据分析完全是在相关关系基础上开展的数据挖掘。数据挖掘又称现代统计学，与传统的统计分析有极大的区别。

传统的统计分析对象是结构化数据，分析方法为线性相关分析。但是数据挖掘的对象却是半结构化数据、非结构化数据，分析方法为对这些数据进行非线性相关分析，对这些数据不明确函数形式的线性关系进行推断、探索、评价。以大数据分析为前提，相关关系分析可与传统的、假设的因果关系分离，直接对数据库中存储的、经过处理的数据间的联系进行分析，从而让数据分析摆脱人为假设的限制，对数据深层次的意义进行挖掘。

数据挖掘是现代意义上的统计学分析，是传统统计分析方法的延伸与拓展，关联规则挖掘、支持向量机、神经网络模拟、随机森林树、贝叶斯网络、遗传算法等都是其中最常用的技术。在大数据时代，如果在零售企业的数据统计分析中应用这些数据挖掘技术，就能让零售企业获得巨大的价值回报。

以关联规则挖掘为例，关联规则是指一个已发生事件与其他已发生事件之间的关联信息，如简单关联、因果关联、时序关联等。而 Aprior 算法（关联规则经典算法）的基本思想就是使用迭代算法对数据中的高频项目集进行有效挖掘，进而构建一种关联规则，其置信度比用户设定的最低值要高。在这种情况下，如果某个事件集中的因素存在关联，就可以根据其中一种因素的属性值对其他因素的属性值进行推理、判断。

在大数据环境下，使用关联规则挖掘对数据相关性进行分析的代表案例就是购物篮子分析，通过对购物篮中不同商品销售情况间的联系进行分析，如筷子的购买量与碗购买量间的联系进行分析，可以对顾客的购物模式进行挖掘。

使用这种算法对数据进行分析得到的结果可用于企业销售的方方面面，如商品陈列、设立商品库存阈值，对用户群进行分类开展差异化营销等。沃尔玛发掘的啤酒与尿布的相关性案例就是关联规则在数据挖掘中应用的典型。

◎ 数据诠释：制定科学商业决策

在数据分析完成之后，就要将分析结果用到实际解释与预测中去。如果没能对数据诠释方法进行合理运用，即便数据分析结果非常准确，所得到的预测结果也难以与现实发展趋势相结合。

在大数据环境下，数据分析结果多种多样，结果之间的相关性异常复杂，传统的文本输出式的结果解释方法失去了效用，导致传统的数据诠释方法亟须变革。在大数据环境下，数据诠释要分两步进行，首先，引入数据可视化技术，将数据分析结果用图形表示出来，让零售企业对数据间的隐形关系与规律做出更具体的观察；其次，将人机交互与数据起源技术引入数据诠释之中，让零售企业各部门对数据分析诠释过程进行了解，并参与其中。

现阶段，在零售领域，数据诠释主要用在最终的营销过程中。利用数据挖掘得到的结果解释、预测销售数据与顾客数据，能使预测的适时性与准确性得以显著提升。与此同时，零售企业还能利用数据诠释对市场进行分析，使目标群体的营销水平得以提升，使企业的销售风险得以下降。

现阶段，英国的乐购已开始使用大数据对顾客行为进行分析、诠释，其运作流程是：首先，在系统中构建顾客关系数据库，赋予每位顾客一个独特的编号；其次，对顾客线上、线下的各种消费数据进行采集，如购买商品的种类、金额等；最后，使用已开发的数据模型对海量交易数据进行分析，获取与单个顾客有关的信息，如顾客的消费习惯、近期需要交易的商品等。

根据这些结果，乐购可制定科学的促销手段，对商品价格进行实时调整。与此同时，乐购通过门店日营业分析报告（该报告由门店的店员结账数据、商品购买与退货率、货品上下架数据汇总而来）能对整个销售过程进行实时掌控，从而获得高效的盈利方法。

4.3 智慧零售：实体零售如何拥抱大数据

◎ 大数据给零售企业带来价值

近年来，大数据技术的应用范围不断拓宽，零售企业也开始在大数据应用领域进行探索，然而，对于大数据在零售行业发挥的具体作用，不少业内人士仍缺乏清晰的认识。

根据中国连锁经营协会的统计，2013—2016 年，上市零售企业的净利润率持续走低，在此期间，这批企业的净利润率增长率不增反降。据此可以得出这样的结论：国内零售市场已经进入变革时期，零售企业需要增强核心竞争力，积极应对市场变化。

无论是全渠道运营，还是数字化改革，都不能脱离消费者的需求。但从目前的发展情况来分析，很多企业推送的信息难以获得消费者的认可。零售企业在信息推送方面存在的主要问题有：

（1）对消费者的了解十分有限，难以提高信息推送的针对性；

（2）定位准确后，无法在内容与推送方式上进行创新；

（3）在信息推动过程中，无法实现线上渠道与线下渠道的统一。

国内零售行业，尤其是传统的实体零售行业，对大数据应用的实践仍处于探索时期。但零售企业在获取及分析消费者信息时，离不开大数据的支持，企业要提高营销针对性、完善自身品类管理，也有赖于大数据的熟练应用。

调查结果显示，希望通过大数据应用来获取与分析顾客信息的零售企业占比达七成以上；希望通过大数据应用来提高营销针对性的零售企业占比达四成以上，这类企业能够依托大数据把握客户需求，根据消费者的偏好进行信息推送，促进自身的产品销售；希望通过大数据应用进行品类优化的企业占比达三成以上，这类企业旨在通过大数据分析技术，划分出热销商品与滞销商品，完善企业的库存管理，最终达到品类优化的目的。

但零售企业对大数据的利用率并不高，这是由多种因素导致的。大部分企业未设置大数据应用部门，无法整合各个部门的数据分析结果，难以发挥大数据应用的整体价值。尽管有些企业在大数据应用方面进行了布局，但除了消费者信息获取、产品营销、品类优化等环节，并没有在其他环节中体现出大数据的应用价值。

大数据应用不仅能够实现数据资源的获取，还能对数据中的商业价值进行提取，为企业发展起到切实的推动作用。

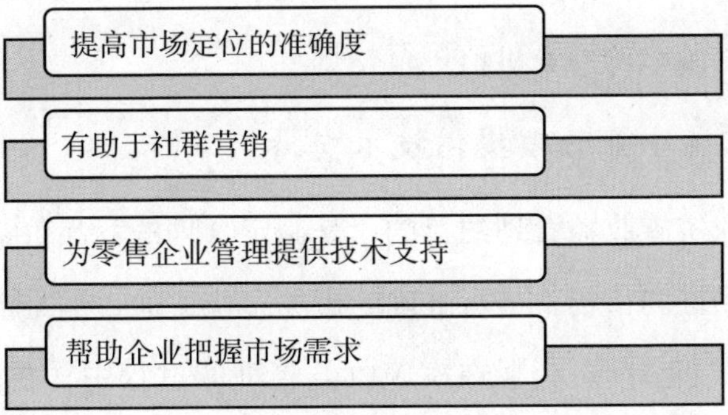

图 4-1 大数据对零售企业的作用

◆ 提高市场定位的准确度

市场定位对品牌发展的重要性不言而喻。因此，品牌运营方需要对市场发展及变化情况进行分析，这就要用到大数据。

面对激烈的市场竞争，零售企业为巩固自身的优势地位，需要将大数据的应用提升到企业的战略层面，通过对海量数据的获取与分析，对零售行业的市场布局、市场需求情况、竞争对手的发展进度等进行把握，根据数据分析结果，不断完善自身的产品经营方式，突出品牌的差异化特征，实现精准的市场定位，在长期运营过程中逐渐积累用户基础。

◆ 有助于社群营销

随着互联网及移动互联网的高速发展，再加上智能移动设备的普遍应用，经由互联网渠道输出的信息量呈几何级增长趋势。近年来，微博、微信及各类资讯平台纷纷崛起，以文字、图片、音视频等形式承载的信息，可以通过多元化渠道进行传播，其每日的信息分享数量可达到千亿级，这些信息中就包含商家发展、消费者行为、产品反馈、商品搜索、订单处理、市场价格走向等相关内容。零售企业可采用整合方式，对数据资源中蕴藏的商业价值进行挖掘。

◆ 为零售企业管理提供技术支持

零售企业实施收益管理的目的，是制定合理的商品价格，并在恰当的时机将商品推向市场，进行准确的市场定位，通过满足消费者需求来拓宽自身的利润空间。企业在实施收益管理的过程中，要从需求预测、细分市场、敏感度分析三方面着手，并发挥大数据的支撑作用。

在进行需求预测时，零售企业要在获取海量数据的基础上，运用数学模型，对消费者的内在需求进行挖掘，同时，还要对各个细分市场的价格变动与产品销售情况进行科学合理的推测，当市场出现供需不平衡的问题时，企业可以对产品价格进行调整，缓解市场供需之间的矛盾，另外，企业还可以根据各个细分市场的需求情况来设定商品价格。

对市场进行细分能够提高企业商品运营的针对性，企业在进行市场需求预测的基础上，能够灵活调整产品价格，进而提高在不同细分市场的利润。

敏感度分析能够帮助企业找到价格变动的合理范围，进而对各个细分市场因价格变动引起的变化进行分析，在企业自身收益与市场接受度之间找到最佳平衡点。

◆ 帮助企业把握市场需求

在移动互联网高速发展的今天，微博、微信、论坛、电商平台等都积累了大批用户，人们能够通过多种渠道进行信息发布与分享。纷纷涌现的各类媒体为用户的信息发布及沟通互动提供了平台支持，“网络评论”迅速流行开来。

很多消费者已经习惯在产品使用后，通过微博、微信等媒体平台对产品的功能、设计、质量、优势与不足等进行评价，这其中包含了用户的相关需求信息。零售企业应该对平台上的数据资源进行获取，对海量数据进行储存与管理，通过深度分析，对数据中包含的用户消费特征、消费习惯、对产品的期待等进行提取，并在此基础上实现产品优化，同时，还要不断完善自身的服务体系，升级消费者的购物体验，进而提高企业的利润。

◎ 大数据分析模型下的运营机制

企业在进行产品或服务运营过程中，借助大数据的应用实现数据资源的获取，再利用相应的模型开展运营，为最终决策提供参考依据。具体实施过程中应注意 3 个方面：

（1）减少大数据应用的阻力。零售企业应该拓宽大数据应用的深度与广度，对各方数据进行获取与分析，在数据分析的基础上加快企业在物流、供应链等环节的运转，在企业制定决策时提供准确的参考信息。

（2）开发大数据产品。企业应该注重大数据产品的开发，并向客户进行开放，使企业在合作过程中掌握更多的主动权。

（3）打造大数据平台。零售企业在升级为平台型企业的过程中，可借助大数据的应用进行平台生态系统的打造，为平台中的合作方提供帮助，实现共同发展。

沃尔玛将啤酒与尿布搭配销售就是零售企业对大数据应用的典型代表。在客户关系维持与管理方面，包括实体渠道与线上渠道的运营，沃尔玛都十分注重发挥数据的指导作用，体现了沃尔玛的竞争优势。通过使用大数据对消费者需求、行为特征、消费偏好等进行分析，能够优化企业的管理，并提高营销针对性，促使员工更加热情地投入到自己的销售工作中，与其他成员相互配合。

从沃尔玛对大数据的应用实践中可以看出，大数据在零售行业的价值发挥体现为 3 个步骤：分析、差异与决策。其中，分析过程包括如下几个方面：

（1）企业内部数据分析。对零售企业而言，内部数据具备较高的价值，为企业的数据分析工作提供了有效的资源支撑。以沃尔玛为例，销售部门、产品采购部门等在日常运营过程中会产生许多数据，企业需要对各个部门的数据进行整合，通过数据分析找出顾客青睐的产品类型，按照销售情况对产品进行精细化管理。

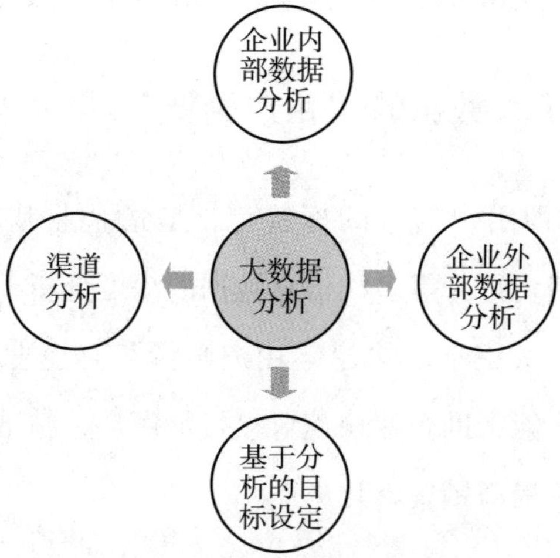

图 4－2　大数据分析的四个方面

（2）企业外部数据分析。除自身运营过程中产生的数据以外，企业也可以从第三方零售商或者与企业存在合作关系的公司获得更多的数据资源，从而对客户信息有更加全面的把握，企业外部数据分析既包括项目团队的分析调研，也包括对其他企业的数据分析。

（3）基于分析的目标设定。企业在进行数据分析时，需要做好目标设定工作。具体目标可以是把握顾客的思维方式、了解能够作用于顾客消费决策的因素、发掘员工的内在需求等，企业想要通过数据分析来解决这些问题，就要提前做好目标设定工作，根据既定目标进行数据获取与具体分析。

（4）渠道分析。企业通过进行渠道分析，能够对消费者的参与途径进行把握，并据此完善企业的渠道建设，吸引更多消费者。

如今，世界各地的零售行业都在进行转型，零售企业需要借助大数据的应用，提高自身运营的智能化与现代化水平，与此同时，还要在运营过程中添加娱乐、互动元素，升级人们的购物体验。为此，零售企业需要积极在大数据应用领域进行探索，提高数据资源的利用率。

◎ 构建基于大数据的“用户画像”

“用户画像”即用户信息的标签化，是指企业基于对用户社会属性、生活习惯、消费行为等多维信息数据的深度分析，提炼出能完美概括用户商业全貌的关键词。构建“用户画像”是企业利用大数据分析技术的基本方式，能帮助企业快速对接目标用户，精准定位和挖掘用户需求与痛点，大幅提高销售转化率。

◆ 基于大数据的“用户画像”

在消费升级的大背景下，人们的消费诉求更加多元复杂，这导致每一个单独触点的用户信息都是片面的，不能刻画出消费者的全貌，自然也就无法让零售企业真正了解消费者。因此，企业要充分利用移动互联网时代“连接一切”的优势，打破信息孤岛，基于大数据技术对全触点数据进行深度整合分析，构建准确、全面、立体化的“用户画像”，实现对每一个消费者线上线下消费习惯、行为偏好等的全面认知。

从这一角度来看，传统零售中的用户定位侧重于寻找个体间的共性，实现规模化销售；而全渠道零售中的“用户画像”则是寻找差异，通过对每个目标用户不断变化的消费偏好和行为习惯的精准把握，为用户提供最佳的产品或服务解决方案。

◆ 如何为用户“画像”

随着越来越多的用户青睐个性化、多元化消费，为用户画像、精准定位目标用户和消费需求，就成为零售企业获取和留存用户的关键。刻画“用户画像”其实就是给用户“贴标签”，是基于对用户全触点消费大数据的整合分析，人为或自动为每个用户贴上能够代表其特征的符号，如年龄、性别、地域、爱好等，然后将所有标签综合起来，便可获得该用户的一个立体“画像”。

具体来看，构建“用户画像”大致包括 3 步：

（1）收集各个触点数据并从静态和动态两大维度对这些用户数据进行划分。静态数据指性别、地域、职业、消费偏好等比较稳定的用户信息；动态数据则是浏览网页、搜索商品、发表评论、个人情况（如单身、结婚、生育）等不断变化的行为信息。

（2）根据大数据分析结果给用户贴上对应的标签和指数，标签表示用户对相应的内容有兴趣、偏好或需求，指数则表明用户对这一内容的偏好程度、需求程度、购买概率等。

（3）综合所有标签，以时间、地点、任务为维度进行用户建模，即明确什么用户在什么时间什么地方做了什么事情。

◆“用户画像”助力零售企业开展精准营销

从用户的角度来看，在消费升级的大背景下，用户希望能够方便快捷地获得需要的信息、商品或服务，实现个性化消费；对零售企业来说，在获客成本不断攀升的情况下，也希望能对用户进行精准定位，提供最适宜的产品或服务，吸引和留存更多的消费者。因此，基于大数据技术的“用户画像”对交易双方都有吸引力，能为消费者和零售商搭建一个有效沟通的平台，实现精准营销。

简单来说，通过构建“用户画像”，零售企业可以全面、准确地了解用户的各种消费需求和痛点，制定更有针对性的营销策略，即在最佳的时间、通过最佳的渠道、以最佳的方式将营销信息推送给需要的用户，实现精准营销。

例如，某红酒广告主根据原有数据判断爱喝红酒的用户多为时尚类人士，因此将广告投放到了时尚网站，但效果并不理想；构建“用户画像”后，该广告主发现这些目标用户其实更喜欢浏览军事类新闻。把广告投放到军事网站后，用户转化率提高了17倍。

传统营销是从产品出发，零售商根据自身的经验预测目标用户会出现在哪里，然后将产品投放到该处等待用户到来；与此不同，基于大数据技术构建的“用户画像”，实现了对目标用户的全面、精准、立体化定位，甚至能够挖掘出用户自身尚未意识到的潜在需求，从而在恰当的时间、地点和渠道，以恰当的方式将最合适的信息、产品或服务推送给目标用户，充分满足了用户的多元化、多层次消费诉求，实现了价值创造与收益获取的目标。

4.4 大数据 O2O：传统百货的全渠道布局策略

◎ 以用户体验为中心的思维转变

蓬勃发展的互联网零售和跨境电商，对传统百货等实体零售造成了巨大冲击。不仅众多的中小实体零售店陷入生存困境，华润万家、广州友谊、王府井等众多知名百货公司也在电商的冲击下出现销售业绩和利润的持续下滑。对此，越来越多的传统百货公司开始通过布局 O2O 进行自身的互联网化转型。

然而，众多传统百货公司的互联网化转型更多的是一种电商冲击下的被动应对，而不是出于对电商的深刻理解和自身发展需要的主动创新变革。因此，很多传统百货公司在探索互联网化商业路径时，依然受制于狭隘的传统竞争思维，并没有真正实现向更高层次的互联网商业思维的转变。

一个最典型的例子是，很多传统百货公司在开展线上零售业务时喜欢自建 B2C 商城。这一行为背后体现的其实是传统商业思维下的竞争心态：当竞争对手的某个商品受到市场青睐时，自己也要想方设法地引入该产品并在价格或质量等某个方面做得更好。在这种竞争思维的引导下，传统百货公司与电商零售的差异就被简单地归结为渠道方面的不足，而忽略了互联网商业是比传统商业处于更高维度的本质差异。

基于这种简单认知，很多传统百货公司费时费力地自建 B2C 商城，认为只要弥补了线上零售渠道的缺位，建立自身的数字化业务，就能获得与网络零售一较高下的实力。但结果也是显而易见的：自建 B2C 商城并没能帮助传统百货公司获得可观流量、突破业务困境。

当然，也有一些传统百货公司没有自建网上商城，而是通过入驻第三方电商平台的方式开展线上零售业务。这虽然节约了大量成本，但同样面临缺少主动权和话语权、受第三方平台制约等痛点。

进入移动互联网时代，很多传统百货公司又开始参与移动端入口的争夺，纷纷推出自己的 APP 应用商城。然而，由于没有实现本质性的商业思维的转变，传统百货公司打造的多渠道 O2O 模式最终与自建 B2C 商城的结果类似，投入与回报不成比例，也没能让传统百货公司焕发出新的生命力。例如，王府井百货的电商项目一直面临巨额投入与获取的流量和销售业绩不成比例的问题，2014 年公司的线上零售业务亏损超过 4000 万元。

可见，当前大部分传统百货的 O2O 转型，都只是互联网零售冲击下的被动反应，并没有真正理解 O2O 模式的本质，自然也不可能打造出基于大数据技术、以用户体验为中心的全渠道零售形态。

除了 O2O，“全渠道”也是一个备受传统零售企业关注的概念，且相对于较为晦涩、深刻的 O2O，全渠道更容易理解和操作。渠道意味着客流量，客流量又是实现销售、获取利润的基础。因此，若拓展更多渠道，就会实现更多销售与盈利，从而使传统百货公司获得新的发展活力，一改之前的疲软态势。

正如上面提到的，这是一种传统商业思维下的简单逻辑，是对 O2O、全渠道的浅层和片面理解，无法真正帮助传统实体零售走出经营困境。有研究者认为，与欧美国家相比，我国传统零售企业的 O2O 转型过于急功近利，缺乏利用数字化技术改造升级社会整体商业生态的理想和责任。

传统零售企业在打造全渠道模式时常会遇到两大痛点：流量获取和流量转化难题。线上流量争夺与线下主要依靠店铺位置获取客户的逻辑有本质区别。若传统百货公司不能真正理解互联网商业思维，是很难与纯粹的电商平台争夺线上流量的。

同时，传统零售企业希望通过从线下向线上导流来推动数字化业务快速发展的想法，也会由于传统商业思维的局限而难以实现。例如，通过对湖南市场的长期深耕，步步高集团实体店的年客流量高达 10 亿人次。然而，在公司想要将庞大的线下流量导入线上，发展数字化业务，打造全渠道和 O2O 时，虽然采取了多种举措鼓励顾客进行线上消费，但实际效果并不理想。

究其原因，不同渠道之间并不会自发地进行对接与融合，而是需要传统零售企业从“以商品为核心”的思维模式转向“以用户体验为中心”的互联网商业思维，从顾客需求和痛点出发，通过全渠道、O2O 让顾客获得一站式的购物体验甚至生活解决方案，为消费者创造商品之外的更多价值。如此才能真正获得市场认可与青睐，实现互联网化的转型升级。

◎ 大数据驱动的全渠道战略布局

O2O 是未来零售业发展的必然趋势，也是传统实体零售店互联网化转型的主要方向之一。传统零售企业要想实现成功的 O2O 运营，打造全渠道零售模式，就必须从最根本的“以用户为中心”的互联网商业本质出发，准确理解全渠道、O2O。

简单来看，O2O 中“Online”的最大吸引力是信息获取与流通的便利性，“Offline”的优势则在服务性、体验性方面。因此，对传统零售企业来说，打造 O2O 模式并不是简单地开辟线上渠道，开展数字化业务，而是通过线上线下的有机融合实现优势互补，让消费者在便捷获取所需信息的同时又享受到优质的服务与体验。

大数据技术是实现 O2O 布局的基础。这要求传统百货公司改变以往将渠道单纯视为流量入口的认知偏差，充分意识到渠道更为重要的大数据价值及不同渠道数据间的交互性。一个越发明显的事实是，大数据逐渐成为企业的核心资产，一个没有数据意识和大数据思维的零售企业，将很难在未来的商业市场中成功立足。同时，传统百货公司对上游供应商议价能力的提升，也将从主要依靠对渠道的占有变为对数据资源的获取。

成功的 O2O 模式是需要完全打通线上线下数据，通过对不同维度大数据的整合分析推动渠道间的有机融合，如此才可能创造出更多新的价值。例如，零售电商巨头亚马逊拥有一项名为“预测式发货”的专利，通过对用户各种大数据信息的综合分析，精准预判用户的购买内容，在他们正式下单前就将包裹提前发出，从而大幅优化用户的物流体验。

这种精准分析预测能力的基础，是亚马逊平台对用户以往购买订单、商品搜索记录、愿望清单、购物车甚至鼠标在某件商品上停留时间等各维度大数据信息的综合分析。

与线上渠道相比，线下实体零售在数据信息收集方面处于弱势。不过，借助大数据技术打通线上线下、实现各渠道数据共享交互后，线下实体店便可以利用线上平台获取的消费大数据构建“用户画像”，有针对性地优化顾客购物体验，为顾客创造更多的价值。

同时，AR 技术、近场通信技术、远红外客流检测、二维码扫描、电子支付等各种新技术的不断发展成熟，也将大幅提高线下渠道的数据采集能力，进而通过与线上数据的共享交互，实现基于大数据的 O2O 布局转型。

总体来看，线上线下的数据打通与融合，能够弥补线下数据的不足，使传统百货公司能够准确构建“用户画像”，对用户的生理、心理、行为等各方面特质进行精准定位，从而为更有效的经营决策和精准营销提供有力支撑。

从消费者的角度来看，传统百货基于大数据打造 O2O，既有利于自己通过线上平台便捷获取所需的商品信息，又能在线下实体店获得优质的服务和体验。对传统百货企业而言，只有以大数据为支撑布局 O2O，才能真正发挥出 O2O 的巨大价值，提高店铺运营能力，挣脱同质化竞争和“价格战”的泥潭，通过精准营销、优质服务和体验吸引和留存更多的消费者，最终达到销售与利润增长的目标。

◎ 传统百货如何借助大数据转型

DT 时代，传统百货公司应如何利用大数据技术进行全渠道布局，构建成功的 O2O 模式，从而迈入更具想象空间的互联网、大数据发展路径呢？在这方面，国外一些零售巨头已经做出了成功表率。

以美国著名连锁百货公司梅西百货（Macy’s）为例，其以大数据为支撑的 O2O 布局主要包括：

（1）线下门店配备订单处理系统。借助店内提供的免费 Wi－Fi 获取顾客动线，据此不断优化门店动线设计，从而使品牌商能更好地进行营销服务；同时，与谷歌地图建立合作关系，为消费者提供品牌导航服务。

（2）与谷歌钱包合作，提供手机支付服务。店内设置信息亭，为顾客提供商品基本属性、售价、实时库存情况等查询服务，并支持顾客直接下单购买和结算。推出移动 APP，用户可以在 APP 上获取商品基本信息，并查看其他消费者的评价反馈；还能直接在 APP 中下单、支付和晒单；也可以通过填写线上消费满意度问卷的方式向商家进行体验反馈。

梅西百货在通过技术应用层面的创新为顾客提供便捷舒适购物体验的同时，也十分注重软性服务方面的优化完善。例如，每一个信息亭旁边都有专门的客服人员，负责引领想要试用产品的顾客到相应的品牌店中，还能帮助顾客在智能手机等移动终端设备上进行下单、结算等工作。

梅西百货这种以消费者为中心、为顾客提供便捷和人性化服务的方式，让顾客充分感受到自己是受尊重、被重视的，自然也更加愿意来这里重复消费。因此，在基于大数据打造 O2O 时，实体零售企业既要注重硬件方面的应用创新，也要不断优化软性服务，充分发挥出线下门店在服务性、体验性方面的优势。

就国内传统百货公司而言，他们对 O2O 的认知也从浅层的渠道构建向更深刻的大数据应用转变。例如，早在 2013 年，以王府井、银泰、新世界、天虹等为代表的众多国内大型连锁百货公司纷纷投入巨资在各个门店铺设 Wi－Fi，单店初期投入平均为 40 万～60 万元。

通过提供免费 Wi－Fi 服务，百货商场可以有效收集消费者的线上行为与消费数据，实现精准营销。即用户连接 Wi－Fi 后，百货商场能够获取其联系方式、行动路线等信息，并将这些数据实时传送到后台大数据分析系统，由后台系统结合该用户的线上消费数据判断其需求，然后据此推送适宜的优惠券或折扣促销信息。

此外，通过 Wi - Fi 服务，商场还能获取消费者的动线数据，从而据此不断优化商场动线设计，更合理地摆放柜台位置。

总体来看，国内传统百货公司在基于大数据打造 O2O 模式时，需要注意以下两点：

图 4 - 3　传统百货企业构建大数据 O2O 模式的关键

◆ 建立有效的大数据分析与应用转化能力

作为互联网信息化的前沿技术领域，大数据概念虽早已被大众熟知，但无论是在技术还是具体的应用转化方面，都仍处于探索优化阶段，大数据应用的技术和成本门槛很高。在这种情况下，如何以更低的成本实现大数据技术的有效转化与应用，就成为传统零售企业布局 O2O 模式的一个重要痛点。

对此，国内一些传统百货企业探索出一个有效的解决思路，即“以企业作为 O2O 平台，让员工成为大数据云处理端”。下面我们以天虹连锁百货公司推出的“天虹微品” APP 为例具体说明这一大数据应用方案。

“天虹微品”是一个全员销售 APP 应用，首先精选一些商品发送到员工的手机端，然后作为“店主”的员工基于自己网店的特色和需要对商品进行编辑，并利用微信、微博、QQ 等各种社交媒体实现商品的传播分享，进而提供相关服务、实现产品销售。天虹公司则扮演商品采购、库存管理、营销文案制作、订单处理、物流配送以及客服等角色，并负责监管每位员工“店主”的销售与服务行为。

可见，在“天虹微品”APP运作中，天虹公司是提供商品和服务支持的平台，基于大数据分析结果向员工“店主”推荐适宜的商品；公司员工则以“店主”的身份与终端消费者直接交互，根据客户需求和变化不断调整产品与服务，从而实现大数据应用互动。

从消费者的角度来看，“天虹微品”APP上线后，顾客不仅可以通过线上平台便捷获取商品信息，还可以通过天虹百货公司的任意一家线下门店或一个专柜店员获取需要的服务。这意味着，天虹百货的几十家连锁门店、上万名员工都成了“天虹微品”的客服人员，不仅在线上为顾客提供一对一的导购服务，还能在线下提供售前、售中、售后等更多专属服务，从而实现了线上线下的打通与融合，为顾客带来了无缝对接、一站式的全渠道优质购物体验。

◆ 通过大数据分析获得自营能力，构建差异化

国内大部分传统百货商场采用的都是大品类管理方法，即商品分类编码的依据不是商品本身的基本属性、价格、库存等数据信息，而是按照一个专柜下的扣点率进行编码。在这种大类编码方式下，百货公司由于无法获取商品信息，因而很难帮助柜台实现个性化精准营销，也弱化了自身的零售商角色。

对此，百货公司可以利用大数据技术打通线上、线下，通过不同渠道大数据信息的共享交互获取每一个商品的各方面数据信息，进而从大品类管理转向单品管理。这种向单品管理的转变，意味着百货企业对商场中的产品拥有了更强的掌控，可以对商品的引入、销售与库存节奏进行更有效的把控，从而降低库存风险，构建并增强商品自营能力。

借此，传统百货公司实现了“简单联营→深度联营→单品管理→

数据共享、独有商品→经销商品、集合门店→自有商品”的逐步升级转变，从而最终成为具有差异化竞争优势的零售主体。

总体来看，传统百货公司布局 O2O、打造全渠道零售，必须以大数据分析为基础，首先颠覆重塑人与商品、人与服务、人与体验、人与商业甚至人与整个世界的关系，为社会的数字化、信息化、互联网化发展转型贡献独特力量，从而在未来新的商业生态中确立自己的角色和价值，获得广阔的发展空间。

第 5 章

敏捷零售：基于顾客需求的高效供应链

5.1 精益供应：全渠道模式下的供应链变革

◎ 供应链管理：全渠道零售的核心

随着互联网整体商业生态的优化成熟，O2O 成为备受关注和追捧的零售形态。然而，很多零售企业在搭建了全渠道体系、实现 O2O 运营后，从表面上看确实获得了更多流量，然而实际上在利润率、客单价、购买率等方面并没有多少改观，即全渠道并没有带来企业整体盈利能力和竞争力的提升。究其原因，关键是零售商将注意力过多地放在了数字化业务规模增长上，而忽视了自身基本功的提升。

零售企业的基本功即商品服务供应链。在传统供应链系统中，品牌商处于上游，根据自身的判断和渠道订单进行批量生产，然后将产品投放给渠道商；下游零售商则向渠道商进行采购，通过仓储物流系统将商品运送到终端门店，面向消费者出售。在这一过程中，供应链的不同环节基本上独立运作，很少有互动协同。

传统零售很难真正实现“以顾客为中心”，这主要是因为：以前属于卖方市场，商品处于短缺状态，很容易卖出去；商家缺少与能与顾客交流互动的渠道；满足消费者个性化需求的成本较高，商家出于控制成本的考虑不愿去做。

与此不同，互联网商业时代下的消费者处于绝对主导地位，他们的多元化、个性化消费诉求促使零售商必须考虑全渠道零售，考虑供应链优化。即打造以客户为中心、各环节紧密协同、一体化的供应链系统，为用户提供更好的产品、更优的购物体验，从而增强企业的整体盈利水平和竞争能力，实现良性、长远发展。

零售商要明确认识到供应链是全渠道的核心，不断优化供应链服务，解决传统供应链模式中顾客游离于供应链之外、没有互动的痛点。

（1）从顾客的角度出发，将顾客融入供应链系统中。零售商可以通过多种触点获取客户信息：通过实体店了解客户咨询了哪些内容；通过网店知道用户搜索了什么，购物车中放置了哪些商品；通过微信公众号了解客户需求和反馈信息；通过 APP 应用即时定位顾客位置，了解他们是否就在门店附近；通过快递人员获取客户家庭的基本情况，如有几口人、是否有小孩等。

（2）通过上述渠道获取了客户的行为、交易、社交等各种结构化与非结构化信息，接下来就是通过大数据技术精准刻画顾客画像，了解每位顾客的消费偏好、需求痛点、行为习惯等内容。

（3）建立与客户持续深度互动的渠道和机制。零售商要积极利用 APP、自主终端、快递人员、客服中心等多种渠道手段与客户保持交互沟通，鼓励顾客参与产品设计和营销过程，以更好地满足他们多元化、个性化的消费诉求。

将顾客拉进供应链系统、精准定位顾客需求后，就可以通过预售、定制、众筹、饥饿营销等多种方式进行需求管理，实现产品销售目标。例如，众筹模式不仅能有效解决企业新产品或新项目运作中的资金难题，也是一个精准获取目标客户的过程。

在对顾客需求进行有效管理的基础上，零售商还要不断增强自身的库存能力与全渠道订单能力。具体而言，就是打通不同渠道库存，借助互联网信息化技术实现库存的可视化管理，实时掌控货品动态；同时，基于顾客需求制订合理的全渠道商品规划，明确自己要上架什么产品、投放多少、产品价格、促销时机及产品清仓下架时机等各个细节内容，并据此建立高效的配货和预测补货系统。

◎ 体验经济下的供应链管理与创新

在以消费者为中心的体验经济时代，零售商在预测补货时除了要考察传统的天气、是否为开学季等因素，还应充分考虑每位顾客的个性化需求和痛点，通过全渠道系统为他们提供最佳的解决方案，如此才能真正获取消费者的认可和忠诚。例如，一个 30 岁的女性会员，之前很喜欢喝可乐，但在最近几次购物中却买了叶酸，这时商家就需要考虑向该名会员推荐一些合适的婴幼儿奶粉，进行个性化服务。

物流配送环节，零售商要充分利用互联网技术建立智能仓库，实现货品的自动化包装、分拣和配送，提高物流效率，如零售电商巨头亚马逊基于自动化设备、智能机器人和云拣选等构建的智能化高效物流配送系统。

在打造智能化仓库时，零售商还应注意构建仓库本身简单的加工和服务能力，即仓库要具有灵活的个性化生产、包装能力，以充分满足不断涌现的就近生产服务需求。同时，在建立智能化仓库时，还要充分考虑零售淡旺季的不同需求，使仓库具有一定弹性，既不会在销售淡季造成仓储物流资源的浪费和成本过高，又能有效应对“双 11”等大促活动期间的仓储物流需求。

物流运输环节，零售商则要考虑如何优化路径，提高运送效率，让顾客获得更好的时效体验。从当前来看，物流配送的“最后一公里”难题依然是国内商家面临的一大痛点。绝大多数零售商都没有自己的物流体系，需要依靠第三方物流公司，这导致他们不仅无法掌控配送环节，而且也无法直接接触客户，进而影响对自身服务的优化改进。国内各大零售商中，只有自建物流系统的京东在物流配送服务方面是做得比较成功的。

供应链服务的第三个方面是建立货物的跟踪追溯系统，不仅零售商自己要明确某件商品是哪个工厂生产的，也要让顾客了解购买的产品来自哪里，这有助于提高消费者对商家的信任度。同时，零售商还要积极与上游供应商建立信息共享机制，实现对货品的实时跟踪掌控——当顾客从货架中拿走并购买了一瓶饮料后，商家立刻就能知道并及时补货。

随着互联网整体商业生态的优化成熟，很多消费品生产企业开始跳过传统零售商，通过自建渠道的方式与终端消费者直接对接，将“触角”延伸到全供应链，如不断增多的各类天猫旗舰店。这必然会对很多零售企业造成巨大冲击。

对零售商来说，最佳的应对策略是向供应链上游拓展，打造自己的品牌。简单来讲，就是零售商构建自有的生产供应体系，在精准定位顾客个性化需求的基础上，强化对原材料供应商、生产工厂、仓储物流等各环节的协同管理，通过建设集成业务体系实现产销两端的精准高效对接。美国的梅西百货（Macy's）在打造自有品牌商品方面就做得十分成功。

最后，全渠道零售还应与日渐兴起的“工业 4.0”① 紧密结合起来，构建覆盖产业链各个环节的全渠道供应链系统。零售商要充分把握未来

① “工业 4.0”研究项目由德国联邦教研部与联邦经济技术部联手资助，在德国工程院、弗劳恩霍夫协会、西门子公司等德国学术界和产业界的建议和推动下形成，并已上升为国家级战略。

C2B 个性化定制的发展趋势，突破单纯的零售思维束缚，从全渠道供应链的视角出发，将“触角”拓展到生产、物流、金融、跨境电商、顾客营销等更多领域，整合多方元素构建一个充分满足全渠道零售需求的供应链体系，从而借助整个供应链生态的力量在未来的全渠道零售竞争中占据主动。

◎ 多渠道共享库存，优化库存

随着国内零售行业进入转型升级的精细化运营阶段，全渠道成为备受各方追捧的新零售业态。从社会化零售图景的角度来看，零售渠道从传统的线下商超逐渐发展为淘宝、京东等大型综合电商平台，再到各类垂直电商和移动分销电商，然后回归到百度、谷歌等占有最大流量的搜索平台，进而通过与仓储物流的有效结合打通线上线下，实现全渠道营销。

零售市场中的卖货渠道很多，但整体流程大致相同：首先是品牌商将生产出来的货品投放到仓库，然后在各种零售渠道中获取消费者订单，最后通过物流系统或快递公司将产品送达客户手中。在这个供应链体系中有两个关键环节：一是生产商将商品生产出来存储到仓库中；二是各零售渠道与产品库存进行对接共享，零售渠道获取产品订单后，仓库可以及时将货物配送到消费者手中。

供应链是全渠道零售的核心，整个流程可以概括为工厂—仓库—消费者，即工厂生产出货品放到仓库，然后再通过各种零售渠道从仓库到达终端消费者手中。从零售端来看，当前消费者可通过线上、线下等各种零售渠道获取商品信息和购买商品，从而为用户带来了“所见即所得”的消费体验。

在打造多渠道库存数据交互共享系统时，要着重把握两个核心优化点：库存的优化和渠道的优化。前者是围绕仓库进行库存优化，后者则包括三个方面，即品牌销售的三大渠道——线下渠道，如超市、实体门店等；PC 渠道，如淘宝、京东、唯品会和各种垂直电商渠道；快速发展的移动端渠道，如发网平台从最初的几千名店主迅速发展到几十万个店主，而如涵、张大奕等微博大 V 也借助网红经济效应具有超强的零售能力。

总体来看，零售渠道的发展趋势是越来越“轻”。无论是 PC 电商还是移动电商，其库存都是直接在仓库中，因此仓库是全渠道零售中的核心一环。商家通过各渠道完成商品与消费者的对接后，再由仓库将产品配送到顾客手中。随着线下、PC 端和移动端等不同零售渠道的深度融合与协同，渠道的扁平化、去中心化特质将在零售库存优化中具有越来越重要的价值。

下面举例说明多渠道共享库存的巨大价值。商家通过天猫、京东、唯品会、亚马逊四大渠道卖某件商品，如果四个渠道相互独立，则商家需要针对每个平台分别备货（4 倍库存）；而如果实现多渠道共享库存，则只需 2 倍甚至 1 倍库存即可。其中，仓库是不同渠道融合的载体，通过多渠道共享一份备货，大幅提高了库存周转效率、降低库存成本，从而有效解决了传统零售中的核心痛点——库存高企问题。

在竞争激烈的零售市场中，零售商面临的最大痛点是仓库中的产品没有完全卖出，导致库存成本居高不下，进而影响资金流转和新品销售。因此，如果围绕仓库这一环节优化库存，通过多渠道共享库存的方式降低商家整个供应链的库存成本，提供库存周转效率，就有助于解决商家在全渠道经营中库存高企的核心痛点，提高零售效率和效益。

除了库存，全渠道零售的另一个核心点是成本，主要包括效率和规模两个方面。传统供应链系统中，货物从生产工厂到各个零售商通常需要运送 6 次存储 5 次，或运送 5 次存储 4 次。烦琐的运送存储过程导致产品的运输和储存成本居高不下。而如果以仓库为核心构建多渠道共享库存系统，则只需运送 2 次存储 1 次就能将货品最终送达终端消费者手中，从而帮助商家节约一半的物流成本。

同时，多个渠道共享一个仓储系统中的货物，也能够提高商家的生产效率。因为商家在不同渠道获取的订单都集中在了一个仓库内处理，有助于实现规模效应，从而大幅降低仓库的处理成本和物流配送成本。

总体来看，零售商要将生产、渠道、库存、快递、消费等不同环节有效连接整合起来，构建一个完整的全渠道供应链分销系统，并通过多渠道共享库存、灵活调配机制、“一盘货管理”模式等不断提高产品交付速度、降低物流成本、优化顾客体验，真正挖掘出全渠道零售的巨大价值。

◎ 华润万家的物流供应链管理建设

全渠道销售，是指零售企业打通线上线下，有效整合线下实体渠道、线上 PC 渠道和移动端渠道，实现在任何场景、任何渠道都为顾客提供优质的商品或服务以及无差别的购买体验，从而充分满足用户碎片化、多元化、个性化的消费诉求。在这种新零售形态中，供应链处于核心地位，是打造全渠道零售模式的关键。

近两年来，“全渠道销售”已成为移动互联网时代的营销热词，受到越来越多零售商的青睐，推动零售行业逐渐进入全渠道零售时代。总体来看，全渠道模式包括三大主体：消费者、零售商和供应商。其中，具有线上购物习惯的消费者是全渠道销售的出发点和推动力量，零售商则基于消费者在各种碎片化场景中的需求提供有效的解决方案，供应商主要是对前端需求进行快速反应。在这一过程中，供应链系统的优化整合是全渠道销售成功的关键。

2014 年华润万家重新涉足电商运营。为推动电商战略顺利实施，公司在全国大型门店推出有条件（购物满 188 元、在门店 3000 米范围内、生鲜冷冻产品除外）的免费送货服务，围绕门店、消费者需求和订单处理能力打造电商配送体系。这一物流配送服务系统为华润万家打造全渠道零售模式提供了有力的供应链支撑。

传统企业运营中，物流部门大多处于边缘地位，不受重视，甚至常常受制于其他部门。而华润万家供应链建设的独特和成功之处是将物流部门独立出来，通过物流系统对整个供应链流程进行实时监控，及时发现问题、优化改进。

物流两端连接着采购与运营，对整个供应链中出现的问题更具敏感性，能及时发现和预判可能出现的风险，减少企业在供应链建设和运营中的损失。基于此，华润万家将物流部门提升到与采购部门平等的地位，从而保障了物流运作的独立性，在提高物流运作效率的同时，又可以通过物流系统对供应链的各环节进行有效监控，实现更为精准合理的采购。

除了保持物流部门的独立性，华润万家供应链建设的另一个独特之处是通过对门店和供应链伙伴等资源的有效整合，减少物流车辆回程空载率、降低物流成本。

空载率高是国内公路运输产业面临的一大痛点，既增加了物流运输成本，也影响了资源的高效合理利用。对想要打造全渠道模式的零售企业来说，如何利用自身众多的实体门店和供应链伙伴资源解决物流运输的这一痛点，降低车辆回程空载率、减少物流成本，是必须考虑的重要内容。其中，在回程运输区域范围内建立足够多的实体门店，是解决这一问题的先决条件。

5.2 高效协同：实现零售企业供应链一体化

◎ 全渠道零售的供应链一体化管理

采用全渠道零售模式的企业能够随时随地满足消费者的个性化需求，为消费者提供丰富多元的场景体验，将实体渠道、电商及移动电商进行高度整合，为顾客提供优质而完善的购物服务。以用户需求为中心、去中心化、全渠道运营是全渠道零售的几大特点。

零售模式发生变革，自然需要零售企业在供应链管理等诸多方面做出优化调整。对于全渠道零售模式下的企业运营管理，业内人士曾提出过“1 + N + n”模式，其中“1”代表一个品牌；“N”代表线上及线下的各种渠道；“n”则代表各种优质服务。其中，运营管理方面的调整主要体现在以下 3 个方面：

◆ 全渠道库存管理

高效精准的库存控制，是衡量企业供应链管理水平的一个重要指标，在产品更新换代速度越来越快的背景下，库存管理在零售企业的运营管理中发挥的作用越发关键。传统零售的库存管理是一种单一渠道的线性上下游协同管理，而在全渠道零售模式中，库存管理将变为多渠道

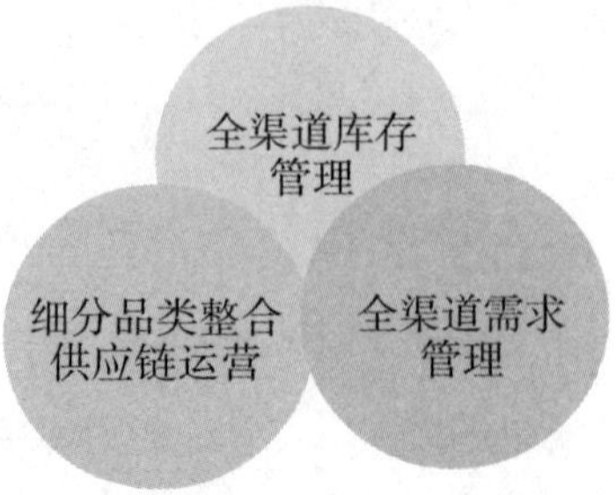

图 5-1　全渠道时代供应链一体化管理

的立体化上下游协同管理。

在全渠道库存管理中，各个渠道之间的库存共享尤为关键，为了给消费者带来优质的购物体验，当消费者在线下单后，后台系统将根据消费者所处位置调拨附近门店中的配送人员为其送货上门，或者是邀请其前往门店体验产品并取货。此时，如果库存信息不能做到实时更新，将会给用户体验带来极大的负面影响。

我国经济发展不平衡，同一品牌在不同地区的线下门店会在价格、服务、信息化建设水平、物流配送等方面存在一定的差异，从而给全渠道零售的库存管理带来一定的阻力。在全渠道零售模式中，要想确保库存真实、有效，必须实现线上与线下的协调配合。而完善的信息化系统与标准化及规范化的业务体系，则是线上与线下协调配合的重要基础。

◆ 全渠道需求管理

从需求的视角来对供应链前端进行整合，将不同渠道中具有共同调性的细分群体进行整合，是零售企业能够缓解库存压力、提高库存周转率的重要手段。

零售企业必须充分对门店中的用户数据进行收集和分析，与此同时，要将这类数据与该区域的线上用户数据进行对比和整合，从而更为科学合理地制订采购、生产及库存计划。而且这些信息也会为零售企业更有针对性地开展定制营销提供强有力的支撑。

智能手机与移动互联网使各渠道之间的界限变得越发模糊，把握用户需求，成为企业赢得竞争的关键所在。无论是线上渠道，还是线下渠道，零售企业都需要充分满足用户需求，并根据用户需求来制定供应链管理策略。这需要企业在日常运营过程中，不能仅是简单将消费者视作产品的购买者，更要与之进行交流互动，在互动过程中发掘并引导消费需求。

◆ 细分品类整合供应链运营

高度成熟的供应链管理应该是具体化、细分化的，它需要对企业经营的每一个品类，都制定出完善的供应链管理策略。所以，对品类进行细分，并将不同品类的供应链管理策略进行具体化就显得十分关键。

◎ 体系建设：构建一体化供应链

◆ 采购与供应管理

营销及服务体验影响的是零售企业的口碑和品牌，而采购与供应管理水平，是零售企业能够高效低成本地为消费者源源不断提供优质商品的重要基础。采购与供应管理涉及根据目标群体的相关数据，来对其消费需求进行预测，并对促销策略进行优化调整等。

部分零售企业已经打造出了一种和优质上游生产商进行合作的协同供应链体系，并发展出了OEM、OMD、反向定制、买断包销等各种采购及供应模式。在零售企业与上游生产商进行合作的过程中，采购规模越大，企业将会拥有更多的议价权。所以对线上及线下诸多渠道的用户需求进行整合，从而实现大规模采购，将使企业在市场竞争中有望获得

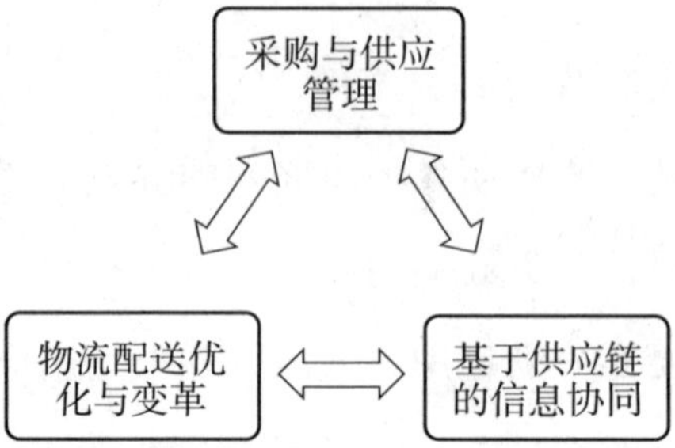

图 5－2　供应链一体化模式体系建设

更大的成本优势。

事实上，在全渠道模式中，采购及供应管理给零售企业带来的不仅是成本及流量优势，零售企业还将去除很多不必要的订单处理及仓储物流环节，在压缩运营成本的同时，还能有效降低企业的经营风险。

◆ 基于供应链的信息协同

渠道竞争，绝不仅是单纯的价格竞争，它是企业供应链信息协同能力的直接体现。和传统零售模式不同的是，全渠道零售模式的信息传递结构变得更为复杂，信息协同难度进一步提升，零售企业不仅要打造上下游各个环节无缝对接的信息共享机制，更要对各个渠道的信息进行高度整合。

在供应链信息协同具有明显领先优势的零售企业中，我们可以看到其用户数据、订单数据、库存数据及交易数据等实现了高度协同。这种协同不仅体现在零售企业的各个渠道之间，更体现在其与产业链上下游的各个合作伙伴之间。

供应链信息协同的实现，使库存管理数据化，有效降低了库存管理成本，而且能够快速响应用户需求，高效灵活地提供满足其需求的产品及服务。

◆ 物流配送优化与变革

零售产业的持续稳定发展，离不开物流提供的强有力支撑。在全渠道零售模式的供应链管理中，物流配送环节也必须做出优化调整。

（1）传统渠道物流如何应变全渠道需求

传统渠道物流是将商品运送到各个区域内的仓储中心，然后由这些仓储中心将商品配送至各个末端分仓，最后根据各门店的以往销售数据为其配送产品。而将线上和线下的诸多渠道物流需求进行整合后，产品库存策略将得到优化调整，非畅销品类将被存储在各个区域的仓储中心；而畅销品类则将被存储在末端分仓，从而有效提升产品的流通效率，降低物流成本。

（2）厂家与全渠道平台的物流整合

生产商与全渠道平台进行物流整合，对于控制物流成本、减少物流资源浪费具有十分积极的影响。国美和海尔旗下的日日顺物流进行合作，前者在全国范围内拥有超过 1600 家线下门店以及覆盖县级以上城市的自有物流配送网络；后者则在全国范围内拥有超过 2800 个物流配送站及 17000 多家服务商网点，能够很好地解决“最后一公里”配送问题。

（3）自营物流服务打造不可替代的核心价值

与和第三方物流服务商合作相比，当零售企业具备自有物流时，在为用户提供服务的过程中，就可以更为灵活、高效地提供物流配送服务，这是很多零售企业所不具备的。随着人们需求个性化程度的日渐加深，商家需要根据用户需求为之提供定制化的物流配送服务解决方案。

零售企业在非节假日期间举办促销活动时，第三方物流服务商的配送服务可能尚可满足配送需求。但当遇到顾客购物高峰期时，订单量的大幅度增长会导致物流配送不及时、丢件、包裹损坏等问题时常发生，严重影响用户的购物体验，而通过自建物流就可以很好地解决这些问题。

◎ 服务响应：快速满足顾客需求

◆ 建立消费者全景数据库，加快供应链响应速度

互联网是一个以消费者为中心的商业时代，对消费者的关注是影响商家零售成败的核心。在线上交易系统中，商家的每一笔交易都对应一个消费者，换句话说每一个消费者对商家来说都意味着一笔交易。因此，在优化物流之后，商家要投入更多的精力去关注每一个消费者，通过多种方式收集消费者各方面的数据信息，建立消费者全景数据库，实现精准化、个性化、定制化营销。

同时，当天猫、京东、亚马逊等不同渠道中的商品订单被集中到一个仓内系统时，零售商就可以通过对这些数据信息的整合分析，了解到每种商品是通过哪种渠道卖给了哪些消费者，进而通过对前端销售预测、补货策略、库存分布等流通数据的大数据分析，提高整个供应链系统的实时响应能力，优化客户体验。

在体验经济时代，以用户为中心的 C2B 个性化定制模式将逐步取代 B2C 模式成为未来主流的零售形态。C2B 模式有效运作的核心是商家能够建立消费者全景数据库，依托全景数据库实现不同场景下的消费者连接，通过提供最适宜的产品和服务获取商业效益。而这一过程的实现离不开后端供应链系统的有力支撑，即零售商要构建一个能对不同渠道的消费需求进行及时响应的供应链系统，优化顾客的消费体验。

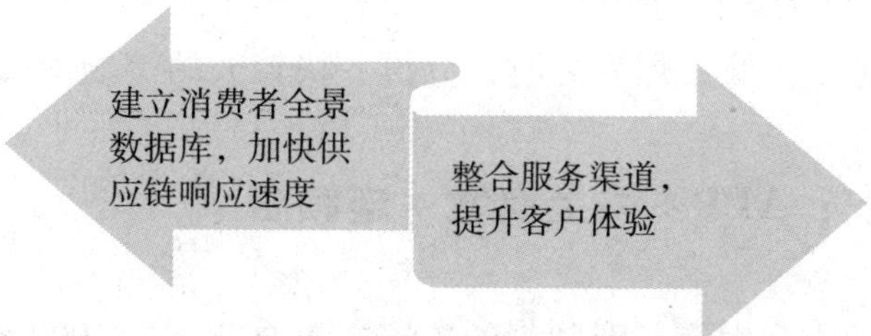

图 5-3 快速满足顾客需求

◆ 整合服务渠道，提升客户体验

无论是传统零售企业，还是电商企业，在转型全渠道零售模式时，都需要对客户体验给予高度关注。在消费者主导的移动互联网时代，如果不能给顾客带来良好的服务体验，即使再好的商业模式也不能让企业取得成功。全渠道零售的服务整合需要做好以下几点：

（1）不仅注重提升线下体验，更要强调线上体验。需要注意的是，线上购物呈现出明显的移动化特征，购物信息获取、商品浏览、下单、交易支付及物流信息查询等都是通过智能手机等移动终端完成的。

（2）用户体验关注点发生变化，以前人们可能仅是单纯地关注产品体验，但如今人们同时关注售前、售中及售后的购物全流程服务。

（3）以用户为中心进行服务功能整合。国美与海尔的合作是典型代表，国美在全国市场拥有超过 200 家专业维修中心及 3000 多位专业维修人才；海尔日日顺则有超过 7600 家县级专卖店、2.6 万个乡镇专卖店及 1.9 万个村级服务网点。二者进行合作后，可以快速高效地为用户提供优质服务，能够让线上消费者前往门店直接体验产品、参加促销活动、享受售后服务等。

从传统零售转型为全渠道零售，已经成为未来零售行业的主流发展趋势，无论是实体零售企业，还是电商企业都需要在采购、仓储、物流、营销、服务体验等供应链管理的诸多环节做出有效调整，只有这样才能在全渠道零售真正爆发之时，分得一块较大的市场蛋糕。

◎ 乐友：APP + 网上商城 + 连锁店

乐友是国内孕婴童行业领先的连锁零售企业。在1999年成立之初，公司的定位是打造线上母婴产品销售平台。不过当时国内互联网整体商业生态尚不成熟，因此公司随后专注于打造线下实体门店连锁经营。2014年，乐友公司首创“APP + 网上商城 + 连锁店”三位一体的全渠道经营模式，通过专业化、一站式服务为用户提供便捷舒适的购物体验，受到广大消费者的青睐，逐渐成长为国内领先的孕婴童连锁零售商。

乐友孕婴童从线上转战线下、再到打通与融合线上线下的发展过程中，始终将供应链建设作为重中之重，不断增强自身的供应链能力，从而为销售模式的转型升级提供了坚持支撑。乐友供应链建设最具特色的地方是高度重视信息系统的自主研发和大数据分析能力。

在刚刚成立时，乐友就投入大量资源精力自主研发了CRM（Customer Relationship Management）会员管理系统和ERP（Enterprise Resource Planning）供应链管理系统。这两套信息系统长期积累的会员信息和商品信息为公司后续开展的大数据分析、精准营销等提供了有力支撑。因此，与其他公司从零开始不同，乐友打造O2O和全渠道销售模式有良好的信息系统基础。

与多数全渠道零售商一样，乐友也是通过第三方物流公司进行商品配送。不同之处在于，乐友将仓库配送系统和门店配送系统完全打通，使公司旗下的所有实体门店都可以像仓库那样进行发货，从而有利于优化配送路线、提高配送效率。

乐友在建设全渠道供应链时也十分注重产品质量，通过多种方式为消费者提供高品质孕婴童产品，赢得了广大顾客的信任与青睐。国内消费者在购买孕婴童产品时更关注的是质量安全，对价格因素反倒不像购买其他消费品时那样敏感。

对此，乐友通过获取上游品牌商的授权直供、开发自有品牌产品、进口海外优质产品等多种方式，保证全渠道销售模式下始终能为顾客提供高品质产品。而整合供应链上、下游资源，与供应链伙伴建立深度合作关系，也成为乐友全渠道供应链建设的一大亮点。

5.3 优化设计：全渠道供应链管理创新实践

◎ 零售企业的全渠道供应链整合

采用全渠道模式的零售企业，能够通过不同的渠道展开运营，具体包括以实体店、服务网点为代表的有形店铺，以电视商城、产品目录、线上商城为代表的无形店铺和以微信、微博为代表的社交平台等，企业在发展过程中能够打通各个渠道的运营，为消费者提供多样化的渠道选择，使他们的消费体验能够不受时空因素的限制，还能在购物过程中满足自身的社交需求，并获得优质的服务。

在全渠道模式下，零售企业需要围绕消费者需求开展运营。部分零售企业曾采用多渠道或跨渠道运营模式，但企业的运营立足于自身的发展需求，对不同渠道的消费者实施不同的管理方法，当企业从某个渠道转向另外的渠道时，企业为其提供的服务也会随之改变。

相比之下，在全渠道模式下，企业对不同渠道的消费者进行统一管理，消费者无论是在线上渠道还是在线下渠道，都使用相同的购物身份，企业能够对消费者的身份进行快速识别，并在此基础上为其提供优质的服务，打通各个渠道的运营。

全渠道模式的应用逐渐普及开来，对零售企业的发展及原有布局产生了重大影响，要在激烈的市场竞争中生存下来，企业就要持续完善自身的供应链体系。在传统模式下，零售企业的供应链将制造商放在核心位置，随着该领域的发展演变，企业的供应链开始将自身发展需求放在关键位置。

当全渠道消费成为一股不可逆转的潮流，零售企业必须跟上时代发展的步伐，进行供应链的改革与完善，通过这种方式使自身运营更好地符合消费者需求，打造企业的全渠道供应链。

零售企业通过建设全渠道供应链，能够将渠道优势与供应链建设结合起来，凸显自身的竞争优势，并在发展过程中减少成本消耗，不断完善自身服务体系，升级消费者的购物体验。

作为一种新兴的渠道营销模式，全渠道模式与零售企业当今的发展需求相符合。人们消费行为的变化会对零售企业的渠道策略产生影响，用户的消费行为和消费习惯则受到技术发展的影响。

近年来，信息技术处于高速发展时期，处于移动互联网时代下的消费者，在社交及消费方面的需求都已不同于以往，用户的消费行为及消费习惯的改变，则对零售企业的发展提出了新的要求，为了适应市场环境的变化，零售企业需要改革原有渠道战略，实施全渠道运营模式。

近年来，虽然国内零售行业获得了快速的发展，但零售市场缺乏集中性、企业生产效率较低仍然是很多零售企业需要解决的问题。我国排名靠前的零售企业所占的市场份额，远远低于美国等西方发达国家。

因为零售行业缺乏集中性，中小规模的企业占据主体，在生产效率上，国内传统零售企业明显落后于美国同行业，而在全渠道时代已经到来的今天，国内零售企业想要获得持续性发展，不断缩小与美国等西方发达国家同行业之间的差距，就要持续完善企业的供应链建设，通过先进技术的应用提高自身的管控能力。

对零售企业来说，要实施全渠道运营模式，就要对原有的供应链进行改革。企业在传统模式下的供应链体系，很难为其新时代下的发展提供有效支撑，为了提高企业的竞争实力，经营者必须完善自身的供应链建设。

为了应对市场需求的变化，在发展过程中凸显自身的竞争优势，零售企业在实施全渠道模式的过程中，要集中优势资源进行供应链的打造，消除不同渠道之间的壁垒，通过开展全渠道零售，满足不同消费者的需求，在运营过程中突出自己不同于其他竞争对手的差异化优势，不断提升用户的消费体验。

◎ 互联网时代的企业供应链变革

面对全渠道零售时代的到来，零售企业为了适应外部市场环境的变化，企图在管理方面做出相应的变革。经过一段时间的探索，企业逐渐意识到供应链管理与优化的重要性。在开展全渠道零售的过程中，很多采用传统供应链管理体系的企业，在运营过程中遇到了很多困难。为了跟上新时代发展的脚步，增强自身的竞争实力，零售企业必须在供应链方面实施改革。

在传统模式下，无论是大规模企业还是中小规模企业，在企业管理方面都保持着自身的独立性，很少与其他企业产生交集。而在互联网时代，这种传统的企业管理方式已经无法满足零售企业的发展需求。

（1）买方时代代替卖方时代

在移动互联网高速发展的今天，先进科技也纷纷涌现，随之而来的是消费者地位的提高，在传统模式下居于主导地位的企业及经营者，逐渐被消费者代替。零售行业的利润空间相对较小，近年来，店面租金成本、人力成本居高不下，企业整体效益难以提高，为了持续生存与发

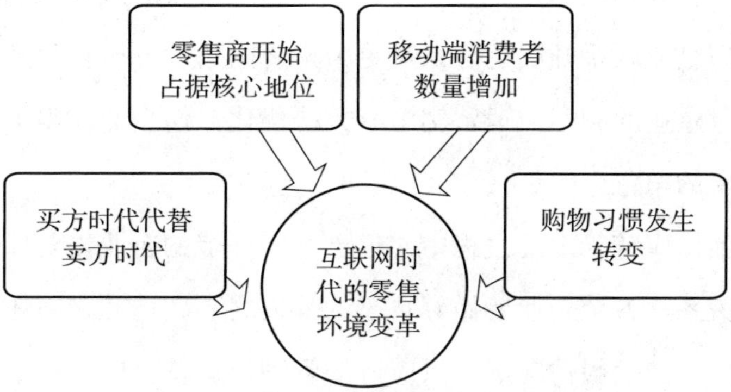

图 5－4　互联网时代的零售环境变革

展，企业必须采取有效措施吸引顾客进店，并提高转化率。

（2）零售商开始占据核心地位

随着全渠道消费群体的兴起，零售商为满足市场变化，需要发挥更大的价值力量，并在供应链体系中居于中心位置。

（3）移动端消费者数量增加

在移动互联网时代下，大数据的应用也越来越普遍，很多消费者选择通过网络平台选购各类商品，移动端成为消费者青睐的重要渠道。

（4）购物习惯发生转变

在信息技术高速发展的今天，人们的消费也变得越来越便捷，移动互联网时代下的消费者可以在任何时间、地点，根据自身需求在各个零售渠道中进行自由选择。如今，零售企业采用的传统渠道布局方式，已经无法对接新兴消费群体的个性化需求，同时也不符合市场的要求。相比之下，零售企业可以通过实施全渠道运营模式，为消费者提供更加完善的购物体验。

在科技力量的驱动下，现代企业提出供应链管理体制，这种新型管理方式与传统企业实施的零售链管理存在本质上的区别，主要体现在：

采用供应链管理体制的企业需要突破原有思维模式的限制，与产业链上其他环节的企业联手开展运营，从更为宏观的角度分析自身产品的价值与优势，对企业的管理与运营实施全方位优化，使企业在整个行业中担任更加重要的角色。

在实施供应链管理的过程中，位于不同环节的企业需要保持良好的沟通合作关系，各个企业要做好自己的分内之事，彼此之间还要相互配合，风雨同舟。一般情况下，供应链的管理及运营会围绕一个中央点来进行，这个位于中央位置的企业发挥主导作用，其他环节的企业都需遵照该企业提出的规范与条例，并根据企业制定的分配原则共享利润。

◎ 零售企业供应链的优化与设计

零售企业要开展渠道运营，就要做好供应链方面的管理工作，而传统供应链的结构组成已经无法满足企业发展的需求，针对这个问题，零售企业需要对供应链包含的各个环节进行重新梳理，在实践过程中探索出适合全渠道运营的供应链优化方案。如此一来，企业才能凸显自身的竞争优势，并减少企业改革的阻力。

在传统模式下，居于零售行业供应链中心位置的是制造商，如今，全渠道代替了传统的渠道经营模式，消费者掌握了更多的主动权，只有零售商才能与消费者进行直接的接触，并能够及时察觉消费者的需求变化。在这种情况下，企业为了开展全渠道零售运营，必须重视供应链的打造，并发挥零售商在整个供应链中的主导作用。

与制造商主导的传统供应链相比，零售商主导的供应链在企业的运营特点和运作模式方面都存在区别。相比之下，零售商主导的供应链能够拉近企业与消费者之间的距离，根据消费者的需求变化对企业的供应链进行调整与优化。实施全渠道运营的零售企业，在供应链管理方面涉及更多问题，企业在选择供应链运作方式时，需要对产品类型及其他因素进行综合考虑，根据实际需求做出选择。

现代零售企业为适应全渠道运营建立起来的供应链，由零售商发挥核心控制作用，无论是产品设计，还是具体的销售方案，都由零售商做决定。由于零售商在整个供应链中发挥主导作用，企业能够积极开展产品销售，通过自身运营来加速整个供应链的运转，并着眼于供应链的改革与完善，在为消费者提供产品与服务的过程中，不断扩大用户规模，提高用户黏度，拓宽供应链各个环节运营的利润空间。

实施全渠道运营模式的零售企业，在建设供应链时，除了要注重供应链本身相关问题的解决，还要与市场需求相符。全渠道供应链是将全渠道运营模式与供应链管理融为一体，可以助力零售企业的销售与运营，更好地应对外部市场的变化，并凸显企业的竞争优势。企业通过建设全渠道供应链，可以加速企业的整体运转，提高企业在竞争中获胜的概率。

零售企业通过建设全渠道供应链，能够与上游供应商达成合作关系，在经由实体店、网店、移动商店、社交平台进行产品销售的过程中，对企业经营产生的商品、资金等数据信息进行统计与分析，根据企业掌握的消费者需求，对产品生产、设计、销售、物流配送各个环节进行优化，在发展过程中逐渐形成完整的网链结构，链条上各个环节相互衔接，共同满足消费者在产品、服务、社交、娱乐等方面的需求。

从技术层面进行分析，全渠道供应链能够符合现代零售行业的发展需求。传统模式下的渠道类型与供应链体系因无法适应全渠道运营的需求，不能在技术方面为企业发展起到推动作用，而渠道与供应链之间缺乏有效对接，导致零售企业的发展停滞不前。所以，零售企业需要消除全渠道运营与供应链管理之间的隔阂。

在全渠道供应链中，零售商发挥主导作用，供应链中其他各个环节的企业都要根据零售商的计划与安排行事。在实施全渠道运营模式的过程中，零售企业需要做好与其他各环节企业的协调工作，这对企业本身的运营能力提出了挑战，不仅如此，供应商也要具备足够的实力条件。而零售企业既要进行产品的生产安排、库存管理、配送方案制定，又要从整体方面把握各个渠道的运营，并做好品类管理与相关规划工作。

举例来说，当零售企业发现消费者的新需求之后，会在短时间内组建专业项目团队，着眼于产品开发及需求量的计算，在制定出完善的运营方案之后，企业会与供应商进行讨论，对产品的生产进行安排，并实施营销策略。其中，零售商一直位于供应链的核心，如此一来，经过上述过程推出的产品才能实现与消费者需求的对接。

◎ 苏宁供应链建设的实践与启示

作为当前国内实现线上线下紧密融合的零售巨头之一，苏宁很早就开始进行营销变革，并将供应链建设作为变革转型的重要内容。基于对现有供应链和销售平台的准确认知，苏宁主要是通过与上游企业合作进行供应链的建设与优化。

同时，随着互联网商业生态的发展成熟，苏宁的供应链合作形态也从企业间多层次的交易模式逐步转向互联网扁平化模式，即通过信息和资源的互联共享，推动自身与上游供应商的关系从博弈转为合作共赢。

苏宁在全渠道供应链建设中十分注重与供应链各方合作，积极开发第三代物流技术，建设第三代物流基地，借助资源整合和更先进的物流系统不断强化自身的供应链能力。早在 2007 年，苏宁就开启了建设第三代物流基地的计划，主要是在物流基地运作中引入运输管理系统，通过先进的信息化系统优化零售配送和长途配送路线，提高配送效率。

2007 年 7 月投入使用的南京雨花物流基地是苏宁第三代物流基地的典型。该物流基地将以往的三级配送模式（市 – 店 – 用户）缩减为二级配送，首先将商品从区域大库分送到该区域所有城市的物流配送中心，然后直接从城市配送中心将商品送到消费者手中。同时，利用先进的互联网信息化系统，第三代物流基地实现了全程机械化、智能化的产品搬运，大大提高了物流基地的装运效率。

除了建设第三代物流基地，搭建自有物流网络以及开展“物流云”项目也是苏宁全渠道供应链建设的重要内容。在互联网商业模式中，物流系统处于十分重要的地位，甚至直接影响到零售企业的经营好坏，已成为零售企业核心竞争力的重要组成部分。

然而，由于物流系统建设需要大量的资源与精力投入，很多零售企业都选择将物流配送外包给专业第三方。与此不同，苏宁一直将物流体系建设作为发展重心，通过自建物流基地的方式将商品从门店仓库转向物流基地，从而不仅大幅降低了门店运营成本，也为用户带来了更好的商品配送服务体验。同时，苏宁还不断利用最新的互联网信息化技术对物流基地进行智能化升级，实现了物流基地从第一代到第二代再到第三代的不断迭代。

“物流云”项目主要是在物流系统的互联网化升级转型过程中，从整体供应链物流的角度切入，利用大数据分析技术挖掘物流信息的深度价值，并将物流大数据信息开放共享给平台商和供应商，实现“企业物流”到“物流企业”的转变，即从以成本控制为目标的企业内部物流转变为以获取利润为目标的社会化物流。

总体上看，在通过全渠道进行“互联网 +”的转型过程中，实体零售商越来越深刻地认识到新零售时代的竞争核心最终仍要归于企业的基本功——供应链上。因此，建设并优化供应链就成为实体零售企业打造全渠道模式、有机结合线上线下的主要发力点。

如果说2016年“新零售”“全渠道”等理念的快速普及掀起了国内零售企业的商业模式转型大潮，那么随着越来越多零售企业不断加强供应链建设，探索、创新更能满足全渠道要求的供应链模式，2017年必定是全渠道供应链的提升之年，供应链建设将成为全渠道零售模式发展的主要引擎。

第 6 章

创新布局：传统零售的全渠道转型升级

6.1 变革之路：全渠道引领未来零售发展路径

◎ 未来我国零售业的主要发展趋势

对于未来的零售业来说，消费者主权、数字化零售业、全渠道是 3 个非常重要的标签，这 3 个标签代表了未来零售业的发展方向。10 年内，中国市场的总零售额或达 50 万亿元，其中在线零售做出了 20% 的贡献。10 年后，随互联网发展成长起来的新一代消费群体，其 80% 的消费需求都将通过网络渠道得到满足。在这种情况下，未来我国的零售业将呈现出三大趋势：

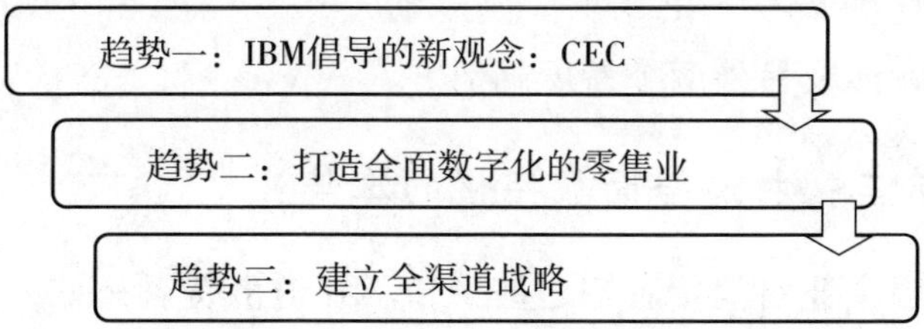

图 6-1 未来我国零售业的主要发展趋势

◆ 趋势一：IBM 倡导的新观念：CEC

现今，虽然客户不属于企业内部成员，但却在某种程度上影响企业的发展战略与市场发展路径。所以，CEC（首席执行客户）也应和CEO（首席执行长）、CMO（市场总监）、CIO（首席信息官）等“首席”职位一样，加入企业董事会，参与到企业管理与决策中来。

IBM 表示，在 CEC 时代，企业要将消费者参与纳入自己的价值链系统，使用各种技术对消费者数据进行收集、挖掘与分析，围绕客户构建一个全接触系统，通过对消费者特征与需求进行深入分析重塑客户体验。届时，企业要彻底打破原来的目标客户群，对每一位客户都要进行深入了解。

如此一来，企业就能面向消费者开展精准营销，为用户提供极富价值的产品与服务。例如，亚马逊每次召开董事会都会为顾客留一把椅子，因为在亚马逊看来，顾客是董事会的成员，是企业的民主党，应参与到企业创新及设计、制造、招商等供应链上游的活动中来。所以，亚马逊每次都会邀请顾客参与董事会。

由此可见，对于 CEC 时代来说，SoLoMo①、消费群体的崛起是重要标志。随着消费群体的规模日渐壮大，零售企业将开辟一个全新的发展方向。在这种情况下，零售企业要想再采用传统的营销方法，面向消费者开展精准营销就会变得非常困难。那么，零售企业要怎样进入 CEC 时代呢？这就涉及另外两个发展趋势。

◆ 趋势二：打造全面数字化的零售业

传统零售企业对消费者知之甚少，不知道消费者是谁，不了解消费者需求，只有消费者到店下单之时才知道消费者需要什么产品。现今，零售商、品牌商要转变这个观念，要以顾客为中心，增强与顾客的沟

① SoLoMo 由“Social”（社交的）、“Local”（本地的）、“Mobile”（移动的）三个单词的开头两个字母组合而成，连起来说就是“社交本地移动”，即社交加本地化加移动。

通，加深对顾客的了解，明确顾客需求。同时，零售商和品牌商还要鼓励顾客将他们的个性化需求表达出来。

在这个过程中，零售商要认真倾听，明确服务对象是谁，需要什么产品，进而为其提供一对一的服务。零售商不能再像以前一样，在不了解顾客需求的情况下通过短信、邮件对顾客进行单向推销，为顾客带来困扰，引发顾客反感。

而零售商、品牌商要想开展一对一精准营销，就要打造数字化的零售业，使顾客信息、员工信息、顾客关系实现数字化。之后，零售企业就能借助社交网络与消费者构建全面的社交关系，对消费者需求进行深入了解。

◆ 趋势三：建立全渠道战略

单渠道营销也好，多渠道营销、跨渠道营销也罢，这些营销战略都是零售商站在自己的立场上构建起来的，消费者被割裂。基于上述营销战略，面对在自己 3 个零售渠道上出现的同一个顾客，零售商会将其认定为 3 个顾客。

而全渠道战略就是要打破这种现象，建立一个统一的、全角度的顾客视图。无论顾客出现在哪个渠道，实体店也好，网店也罢，都能获得统一的服务与体验，例如，获得统一的积分，获得个性化的营销推荐等等。从这个角度来看，全渠道战略真正做到了以消费者为中心。在全渠道战略下，消费者能随时随地买到与自己需求相契合的产品。对于零售业来说，这是一场质变。

在实体店购物，消费者经常会遇到缺货、断码等情况。这类情况的出现不仅导致消费者的购物体验不佳，还会使零售商的利益受损。为解决这个问题，阿迪达斯做出了一个很好的示范。

阿迪达斯在自己的线下实体店安装了一个数字鞋架，这个数字鞋架就像一个放大的 iPad，消费者可以在上面自主地选择产品，通过放大、旋转来查看产品细节，获得产品详情。原本，一间最多容纳 500 双鞋的鞋店在安装了数字鞋架之后，能容纳的鞋子数量增至 10 万双。阿迪达斯凭一个数字货架有效地改善了用户的购物体验，并帮实体店主减少了因缺货、断码造成的损失。

现阶段，以亚马逊、京东为代表的电商已开始在线下建设体验店，未来，线上零售商与线下零售商的界限将日渐模糊。线上电商通过在线下设置 B2C 终端或数字货架能构建 O2O 生态。一方面，零售商可以引导线下顾客前往线上平台消费，将线下流量转化为线上订单；另一方面，零售商也可以利用线上渠道，如网店、移动商店等发起线下活动，引导线上顾客到线下实体店消费，将线上流量转化为线下购买力，最终完成 O2O 生态的构建。

为了实现这个目标，国内的零售商要做好渠道整合工作，让顾客享受独特的购物体验。事实上，单一渠道最强或最优并不是全渠道零售战略的重点，协调各个渠道相互融合，达到高度协同，让用户享受到无缝的、极致的购物体验才是全渠道零售战略的终极目标。与此同时，在全渠道模式下，顾客可享受供应链上的所有库存，各线上门店与线下门店可交叉销售商品，真正做到“你中有我，我中有你”。

◎ 传统零售全渠道战略的布局分析

综观欧洲和北美零售业的发展现状，全渠道零售早已脱离了概念的范畴全面落地。反观国内，各大零售商早已开始积极主动地拥抱全渠道，苏宁、步步高、王府井百货等都已开始布局、推行全渠道战略。当电商所占销售份额达到 50% 时，公司的全渠道零售战略就能“不战而屈人之兵”。

那么，在一家企业中，电商所占销售份额如何才能达到 50% 呢？为了提升电商的销售业绩，约翰·路易斯（John Lewis）[①] 将电商业务置顶作为公司的核心业务，并以顾客为中心重构全渠道业务，创新顾客体验。在此之后，电商所占销售份额提升到了 25%。

过去，零售商一直使用分销模式，遵循“以产品为中心，以实体店为中心”的原则。现今，该模式被“以顾客为中心，以电商为中心”的模式取代。在竞争激烈的市场上，并不是所有的零售商都能成功布局全渠道战略。

德勤法国公司公布的调研数据显示，法国排名前 20 位的零售商，其电商业务贡献已近 20%，其中，移动商务贡献 70%，线上网店贡献 30%。对于全球百货零售企业来说，电商时代、全渠道零售时代正是它们的复兴时代。

经过长时间观察，笔者认为未来全渠道零售将表现出五大趋势：

（1）在全渠道电商业务中，移动将成为主渠道；

（2）在全渠道中，社交将占据主导地位；

（3）电商所做贡献将超过 50%；

（4）全渠道营销将依大数据展开，离开大数据，全渠道营销就会失去竞争优势，只有借助大数据，零售商才能与每位顾客对话、交流、开展“一对一”精准营销；

（5）全渠道将把一致性的顾客体验与持久的情感连接奉为核心。

---

① 约翰·路易斯是一家英国高档连锁百货商店，母公司是约翰·路易斯合伙公司，第一家约翰·路易斯于 1864 年开设于英国伦敦牛津街。现于英格兰、苏格兰和威尔士有 43 家商店，其中以位于伦敦者为最大。

Kingfisher 集团[①]总裁 Ian Cheshire 曾表示，现如今，不是企业改变顾客，而是顾客影响企业，在这种情况下，企业必须主动拥抱顾客，了解顾客的变化，通过员工增进与顾客的联系，建立情感纽带。

传统零售商的全渠道布局不是建立一个移动网店，开发一款 APP 就能实现的，如果零售商不能摆脱传统电商那种货架式的销售模式，其结果只能是构建了一个小屏幕的电商 1.0，和全渠道还有一段遥远的距离。

零售企业要想与顾客建立长久的亲密联系，就必须发动每一个顾客，建立购物社交，将主导权、决定权交给顾客，让每个人都拥有一个属于自己的店铺。这样一来，所谓的连锁模式就不再只是线下实体店连锁，而是数千万顾客个人商店的连锁。

从本质上来看，微店不只是工具、APP，还是一种新的零售业态，一个个性化、充满人情味的个人移动商品，是一个原点商店。什么是原点商店？如果横坐标代表的是购物时间，纵坐标代表的是商品的丰富度，购物中心 - 百货商场 - 大卖场 - 便利店依次接近原点，而原点位置的业态就是微店。

未来，每位顾客都可以有一家属于自己的微店，自由地订阅喜欢的商品与品牌，根据自己的需求建立购物清单。品牌零售门店的员工可以根据顾客订阅、购物清单有针对性地为顾客推荐商品，或者根据系统后台提供的大数据开展“一对一”的新货推荐与促销推荐。

在零售商布局全渠道战略的路途上，微店就是一个威力巨大的导弹，可以精准地触及每一位顾客的需求。同时，微店还是社交商店，在顾客建立自己微店的情况下，消费者不仅可以在零售商的微店选购产

① 英国翠丰集团（Kingfisher Group）总部位于伦敦，是欧洲最大、世界领先的建材家居零售集团，在全球拥有约 900 家连锁店，近 80000 名员工，年销售额达 104 亿英镑。

品，还可以到朋友的微店选购商品，与朋友分享购物体验，互相推荐优质的产品。

现今，微店已从概念落到实地，从微店切入，零售商或许可以更好地布局全渠道战略。

要想在激烈的市场竞争中获胜，零售商必须创新思维，转变战场，改变游戏规则。

未来 10 年，世界各地的人口将被社交媒体、可穿戴设备、移动互联网串联起来，借第三次工业浪潮之势，零售业或将迎来第三次革命，全渠道、全天候、个性化、全频道的消费者就是这场革命的主角，“我的消费我做主”就是他们打起的旗号。

虽然现阶段全球零售业还处在传统秩序的统治下，但消费者却在为打破这种秩序而努力，正在积极地从各个角度渗入消费社会，努力创造一个人人制造、人人设计、人人营销、人人创意的“Me”时代。在这种形势下，人们期待已久的消费部落与消费自由近在眼前，全渠道零售也将变得触手可及。

◎ 传统零售布局全渠道的障碍因素

到目前为止，在零售行业，全渠道零售是一种最高级的零售业态。虽然现阶段全渠道零售还不能在国内全面推行，但全渠道的理念已深入人心，并且在 O2O 模式的推动下实现了快速发展。除互联网电商之外，一些传统零售业也开始投入巨资打造电商平台，开发手机终端业务，以期抢占虚拟市场份额。

现今，“双十一”不仅是购物狂欢节，还是互联网电商之间相互较量的节日，如京东与天猫的“猫狗大战”。除此之外，苏宁易购、凡客诚品、当当网等电商也在积极构建自己的电商模式。京东的自营式 B2C

电商模式、1号店的网上超市模式、苏宁的电商、店商、零售服务商三合一模式、云商模式都反映出一个现象：现今，传统家电企业、超市、百货公司等零售商都开始脱离单一的经营模式，积极拓展销售渠道，朝着全品类、全渠道转型、发展。

据商务部统计，现如今，在全国百强连锁企业中，已有近七成的企业开通了网络零售业务，其中采用自建平台方式发展网络零售的企业占到了一半以上，剩余的企业或采用入驻第三方平台的方式，或采用自建平台与入驻第三方平台相结合的方式。在线下零售商向线上拓展的同时，线上零售商也在向线下延伸，阿里巴巴、京东、聚美优品等电商平台纷纷在线下开设实体店就是最好的证明。

但无论是线下朝线上拓展，还是线上朝线下延伸，中国零售企业的全渠道之路都会遇到一定的障碍，这些障碍主要表现在以下几个方面：

◆ 外部环境制约

国内的百货公司主要通过租金、销售返点获利，这就意味着百货公司并没有掌握商品的所有权，使其全渠道之路受阻。缺乏自营商品、不能控制商品，是国内大部分百货公司“触电”失败的主要原因。

除此之外，我国中小型零售企业过于分散化、碎片化的特点也导致全渠道的推行深受阻碍。在我国百强连锁企业中，全国性零售企业只有十几家，剩余的都是区域性零售企业。这些零售企业的影响力较小，辐射范围有限，覆盖率较低，并且提供的线上商品品类少，同质化现象较为严重。

另外，相较于淘宝、京东、1号店等电商平台来说，这些零售企业自建的电商平台的影响力较小，流量较少、点击率较低。再加上这些企业自建的电商平台经营的商品与其线下店铺经营的商品别无二致，无法做到差异化经营。所以，对于那些缺乏资金与技术的中小型零售企业来说，入驻第三方电商平台是一个很好的“触电”方法。

◆ 内部环境障碍

除了外在原因，我国零售企业的全渠道改革还受内部环境的制约，如渠道流通障碍、订单系统障碍、信息障碍、售后服务障碍、履约障碍，渠道间绩效核算问题，企业内部组织结构、企业文化、业务流程改造难题等。

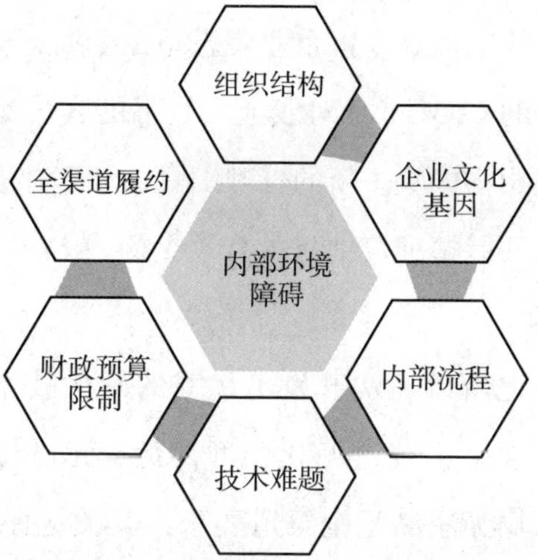

图 6－2　内部环境障碍

（1）组织结构

组织结构调整问题是零售企业推行全渠道战略首先要解决的问题。公司规模越大，发展模式越成熟，企业的组织结构就越复杂，系统改造就越难与全渠道战略相适应。除此之外，全渠道战略的推行还涉及一系列问题，如全渠道战略的主导者、预算分配策略、目标责任的制定、管理的落实等。

（2）企业文化基因

从创业阶段开始，每个企业就都形成了自己的文化基因，员工适应了企业固有的办事流程，形成了难以改变的习惯，尤其是企业经常组建临时的跨部门小组进行创新，再加上匹配度较低的衡量标尺与激励措施也进一步降低了文化的接受度。另外，全渠道零售的推进还要求一些新技术应用系统与企业的文化基因相融合，再次增加了全渠道零售推进的难度。

（3）内部流程

以全渠道零售来改善顾客体验，要求企业对内部流程进行改造，这是一项耗时、耗力的工程。零售企业要想站在全局，从单一的角度审视顾客，就要使用新的CRM工具对线上、线下的客户数据进行整合，要让顾客享受到无缝购物体验。新的管理工具，如库存管理工具，需要为员工利用在线工具开展精准营销提供有效支持。

（4）技术难题

很多零售企业之所以无法开发出优秀的软件技术平台，无法将线上、线下库存统一起来实现透明化、可视化，无法做好线上、线下互动，网站设计与布局无法满足全渠道要求，其关键原因就在于IT技术人员能力不足，水平有限。

（5）财政预算限制

企业要想实现全渠道营销就必须注入大量资金，基于对投资回报率问题的考虑，受投资回报率不确定的影响，很多企业都不愿进行大规模投资。另外，还有一部分企业采取了“跟随战略”，先观望，等全渠道成熟之后再选择一个合适的时机进入。虽然“跟随战略”降低了投资风险，但也使企业失去了占领市场的先机。

（6）全渠道履约

跨渠道履约最终要达到随时随地购买、随地提货且不会给店铺库存带来任何压力的目标，要想达到这一目标，跨渠道履约就要做到“4P”——Pick、Pack、Process、Pay，而这恰是跨渠道履约实现的难点。

在传统零售环境下，订单履约完全由实体商店负责。随着互联网电商、移动购物的出现与发展，跨渠道履约为企业带来了诸多挑战，如零售商要采用何种方式履约？商品库存的来源在哪？商品流动应交由何人负责？不同渠道间的利润应如何分配？各个渠道是否会相互蚕食、吞并？这些问题关乎整个供应链战略，而目前实体零售商的供应链根本无法支持全渠道战略的推进。

但是，随着社会的发展，5 年之内，零售行业的跨渠道履约一定能实现，届时，在零售行业，跨渠道履约就会成为一种普遍行为。

6.2 创新求变：实体零售的全渠道战略实践

◎ 传统零售全渠道转型的三个任务

近年来，随着电商的迅猛发展，传统零售业受到了严重冲击。顾客的购物渠道不再只是线下实体店，还出现了 PC 端购物、移动端购物、微信购物等购物渠道，使顾客的购物渠道越发多元化。在这种情况下，传统零售业的销售与利润大幅下降。除了不断上涨的房租与人力成本外，传统零售商还面临诸多生死难题。

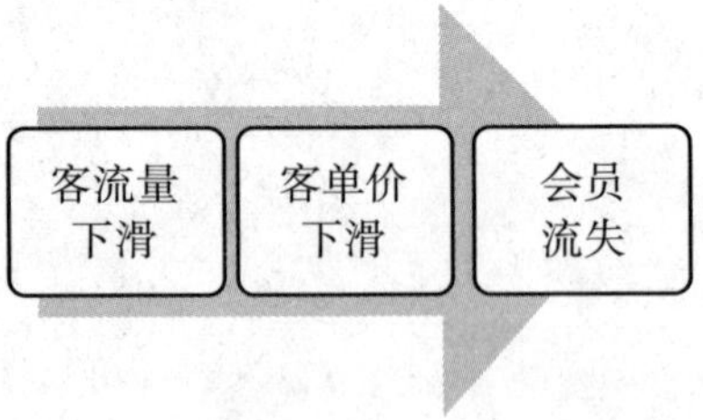

图 6-3　传统零售商面临的主要困境

（1）客流量下滑。在线上电商分流、顾客消费渠道变更的双重影响下，实体店的客流量不断减少。

（2）客单价下滑。随着线上品类渗透率逐渐升高，实体店商品销售连带率受到了很大的影响。

（3）会员流失。在 PC 互联网时代，实体店的青年会员流失严重；在移动互联网时代，随着移动网络的升级，智能手机的普及应用，为人们购物、支付提供极大方便的手机 APP 的出现，实体店的中年会员、老年会员流失严重。

传统零售商要想解决上述问题需做好以下 4 项工作：第一，推行全渠道零售战略，拓展、延伸线上渠道，为顾客提供全天候、全方位的接触点，全面增加店铺客流量；第二，开展全渠道运营，提升顾客的订单转化率；第三，采用精细化商品运营及营销策略，使客单价得以显著提升；第四，对会员开展精细化管理与运营，提升会员的忠诚度。

传统实体零售商开展全渠道运营的方法主要有 3 种，一是自建电商网站，二是入驻第三方电商平台，三是开发移动 APP。传统零售商无论采用哪一种方法开展全渠道运营，都将面临三大问题：

（1）业务再造。要想开展全渠道运营，传统零售商要对业务模式、岗位职责、组织架构进行调整，重新构建业务流程与管理规则，以形成全渠道运营能力，尤其是线上运营能力。

（2）基础再造。要想开展全渠道运营，传统零售商就要对门店、商品进行数字化改造，将门店、商品引入“云端”；要重构物流配送体系，以销定产、送货上门，从而为全渠道营销打下坚实的基础。

（3）系统升级。传统零售商要积极升级核心业务系统，增强应用功能，拓展业务逻辑，延伸业务性能，以提升运营效率。

◎ 实体零售的业务再造与基础再造

◆ 业务再造

业务再造就是零售企业对其组织架构、业务流程、考核体系、岗位职责进行调整，以达到使其充分适应全渠道零售战略的目标。传统零售企业的业务再造涉及三方面内容。

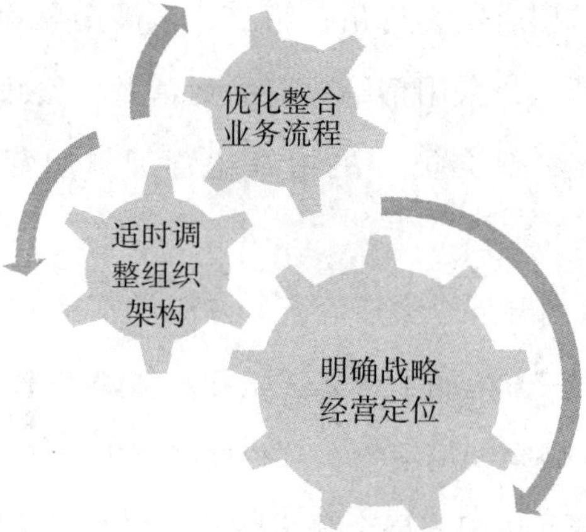

图6－4　传统零售业务再造

（1）明确战略经营定位

传统零售企业首先要保证现有渠道优势，以其为基础选择新渠道，明确优先拓展的渠道及拓展方案、推进计划、资源配置策略等内容，以使渠道间的利益关系得以平衡，储备人才、构建团队、准备充足的资金。从目前的发展趋势来看，传统零售企业应优先拓展移动渠道。

（2）适时调整组织架构

传统零售企业要以战略定位、全渠道业务开展进程、业务模式为依据对组织架构进行调整，为总部及各个分店铺赋予新的部门职责与岗位职责，构建科学完善的业绩评价体系。

例如，如果传统零售商采用线上接收订单，线下门店出货、配送模式，如果线上订单量少，当然不会对线下业务的正常开展产生影响，但如果线上订单量过大，为了保证实体门店的正常运营，就要为门店增添新的业务岗位，或者对现有的业务岗位职责进行调整。

另外，传统零售企业为了更好地拓展线上业务，还要重构线上线下客服体系，包括售前客服、售后客服、线上客服、电话客服等。

（3）优化整合业务流程

传统零售企业要以未来的业务发展方向为依据优化业务流程，对关键业务模块间的流转规则、责任权限做出明确规定，明确流程整合的业务范围及关键管理规则，并设置关键绩效指标对业务流程效率进行考核，根据组织架构对岗位职责、组织职责进行设定，建立相关机制根据业务发展情况定期升级、优化业务流程，保证业务流程能紧随业务进程的开展而更新。

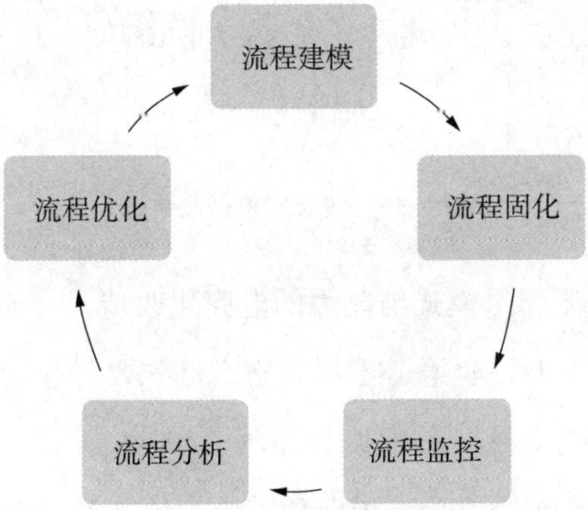

图 6－5　优化整合业务流程

◆ 基础再造

（1）实体门店与商品的数字化改造

在PC互联网时代，阿里巴巴、京东等电商都将商品、组织的数字化改造视为工作的重中之重。实体零售企业要拓展线上渠道，推行全渠道战略，首先要弥补自己在这方面的短板，对实体门店、商品进行数字化改造。如果这一环节缺失，后续的全渠道零售业务将难以为继。

前几年，我国的零售业发展迅猛，各零售业态大规模扩展。过去，零售行业品类管理理念盛行的原因就是：百货、超市等零售业态采用“大码联营”的经营方式，很多零售企业都希望能借助品类管理来升级商品经营管理技术，但零售企业的这种尝试最终以失败告终。

对于商品精细化管理、商品数字化来说，单品管理是基础。于是，线下零售企业要想实现商品资料的数字化，首先要解决“大码联营”商品的单品化管理问题。

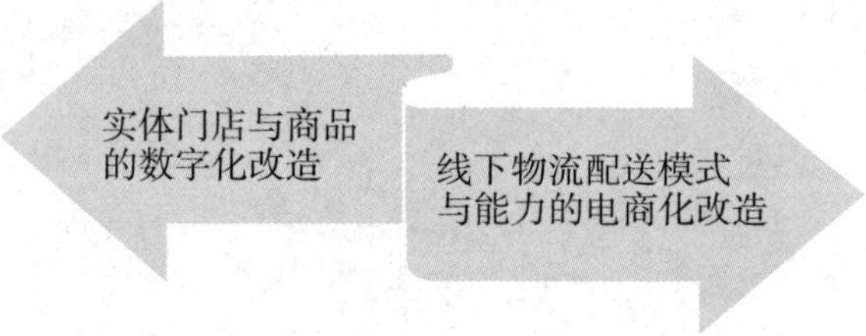

图6-6 传统零售基础再造

（2）线下物流配送模式与能力的电商化改造

传统零售商要推行全渠道零售战略，首先要对仓储、配送体系进行改造，根据“多类少量”的原则调整库存结构，构建适合B2C模式的物流仓储体系；其次要以跨渠道业务需求为依据调整仓库布局，扩大仓储能力，使其具备自动分拣、拆零配送的能力；最后要组建货架分拣、门店配送的专业团队，以应对全渠道环境下顾客对订单交付的需求，如送货上门、门店自提等。

◎ 系统升级：构建全渠道零售中台

随着新技术的不断更迭，中国乃至全世界的零售业都进入了全渠道时代，传统实体零售企业与传统电商都将 O2O 视为业务改造的关键点，但仅凭目前实体零售商拥有的核心业务系统，全渠道运营还难以实现。

传统零售商要想让核心业务系统对全渠道运营产生支持，零售企业就必须改造其现有的信息系统，构建全渠道零售业务支持系统。但是，目前，即便是全球顶级的系统供应商也无法为中国传统零售商全渠道零售业务支持系统的构建提供解决方案，更难以为其提供成熟的支持系统。

所以，在全渠道环境下，我国的传统零售企业必须自力更生，以现有的信息系统为基础，构建全渠道零售业务服务枢纽平台，该平台也被称为“全渠道零售中台”。

全渠道零售中台以全渠道业务处理为定位，主要为全渠道业务融合过程中产生的复杂的业务逻辑、创新业务的功能要求、并发的性能要求提供解决方案。传统零售企业能借全渠道零售中台构建桥梁将线上、线下系统连接在一起，为跨渠道协同的实现提供可能，满足全渠道零售新业务、新流程拓展性能、创新功能的需求。

另外，借助全渠道零售中台，传统零售商还可以开展统一的零售运营管理，共享来自各个渠道的商品资料，对订单进行集中处理与分配，将存储、分拣、配送、客服、售后、会员管理、营销、数据分析等工作集中在一起，统一地完成。

为此，全渠道零售中台要做好以下基本工作：

（1）对全渠道业务的开展要求进行整体规划，针对各核心业务建立专门的管理平台，与前端业务对接，及时响应后端的管理需求；

（2）在全渠道业务平台对全渠道零售的新业务规则、业务模型、业务策略进行维护，适应各种变化；

（3）面对随全渠道而来的新业务，后台系统要做好管理工作，要对企业级规则进行维护，接收结果，做好账务处理工作；

（4）传统实体店铺的系统服务要保持原有的通路不变，未来，以线上、线下业务融合需求为依据，将有共享需要的管理功能逐渐转移到管理枢纽平台上来。

传统实体零售企业要想接入互联网必须经由全渠道零售中台，为此，全渠道零售中台必须能随时随地访问，并且能及时对所负责的业务规则进行处理，还要适应线上、线下巨大的数据流量波动。要想满足上述要求，全渠道零售中台的构建必须引入云技术，以云服务的方式进行构建。当然，在云技术的作用下，传统零售商的线下业务支持系统也将逐渐实现互联网化或者云化，以推动全渠道零售业务实现更好地发展。

◎ O2M 模式：全渠道零售的主战场

零售商未来的发展、顾客体验、员工价值都与全渠道密切相关，但全渠道要想在国内成功落地，路径选择既是关键，也是难点。通过对中国零售商布局全渠道的案例进行研究与分析可以发现，目前备受瞩目的O2O 并不是中国零售商布局全渠道战略的最佳切入点，最佳切入点是 O2M[①]。

因为对于国内的零售商来说，它们的优势在线下。国内大部分零售商在线下拥有巨大的流量，而线上拥有的流量却微乎其微。在这种形势

① O2M 即基于地域的线下销售团队的有效集合，与线上平台为客户定制服务的能力相结合的全新服务体系。

下，如果国内零售商采用 O2O 模式布局全零售，就将失去发展根基，投入巨资建立的网店无法获得持续的客流支持，最终也只能以失败告终。

在互联网这个商圈中，线下零售商可以在天猫、京东等平台开设网店，银泰与天猫的结盟就做出了很好的示范。但是，线下零售商在电商平台开设店铺必须购买流量，而且这些流量的价格高，转化率低，客户黏性差。所以，从长远来看，线下零售商的电商战略难以为自己带来理想的收益。在这种情况下，很多零售企业都放弃了电商战略，英国玛莎放弃经营多年的亚马逊平台就是其中的典型。

而零售商推行 O2O 战略所获取的收益就更加不理想，其原因在于，如果将线上零售与线下零售的客户群用两个圆表示，其中重叠的部分就只有 10%。也就是说，现阶段，线上消费群体与线下消费群体的分割还比较鲜明，线下消费者的网购习惯还没有养成，同时，线上消费者也很少到线下消费。

在国内，银泰、苏宁等企业投入巨资建设网店，却始终未能动摇京东、淘宝、天猫等电商平台在电商领域的地位。事实上，大部分零售企业开设网店都存在侥幸心理，希望能在电商 1.0 公司倒下之际借机发展，结果证明这只是一种希望。线下零售企业放弃自己的客户群盲目地推行电商战略，不仅企业的最高领导不坐镇一线进行指挥，派遣的员工也不具备创业精神，导致企业平白错失发展良机。

总而言之，现如今，线上格局已定，线下零售企业要想发展必须采取新的战略——全渠道，进入全渠道的最佳途径就是 O2M。那么究竟什么是 O2M 呢？具体来讲，O2M 有两种解释，一是 Offline to Mobile，二是 Online to Mobile。目前，苏宁云店计划、燕莎微店、天虹百货全渠道微店计划就是 O2M 模式落地的典型代表。

现如今，人类已全面进入移动互联网时代，Facebook 宣布成为 Mobile Company 就是最好的证明。目前，Facebook 在全球拥有 11 亿用户，其中日活跃的移动用户有 7.5 亿人。

O2M 拥有规模庞大的用户群，在线下实体店的客户群中，智能手机用户占比超过了 60%；在线上网店的客户群中，智能手机用户更多，所占比例在 80% 以上。由此可见，无论是线下实体店还是线上网店都已具备部署移动网店、社交网店的条件。

对于零售业来说，全渠道是其最大的希望，SoLoMo 客户群所处的战场就是全渠道零售的主战场。借助 O2M 模式，线上电商与线下店商可充分发挥自己的优势，将本地消费群或线上消费群转变为移动、社交的客户群。在这方面，梅西百货、玛莎、老佛爷等企业做出了很好的示范。

全渠道战略的构建与推行需要公司全体员工参与，包括高层董事会、中间的管理层以及基层员工，这是全渠道战略转型的难点。零售企业要想推行全渠道战略，关键是要做好三项工作：

（1）回归零售的本质，弄清楚顾客是谁？顾客有什么需求？顾客在哪里？顾客在谈论什么？最后，要将这种零售精神与互联网精神融合在一起。

（2）转变商圈观念。互联网与零售业结合在一起之后，互联网就不再是虚拟的世界，而是一个满载消费者，拥有超高人气的商圈，每天都有形形色色的消费者在这个商圈中活动。在社交网络的作用下，个人正在迅速向组织渗透，人类有史以来第一次有组织、大规模地聚集在一起，在这种情况下，零售商不转变传统的商圈观念，建立互联网商圈，就难以真正推行全渠道零售战略。

（3）围绕消费者需求链建立组织，组建一个热爱全渠道零售的团队。对于全渠道战略来说，用专业零售团队开展网络零售业务，借助专业人才所具备的零售精神与零售经验对资源进行整合，对线上、线下的后台服务进行统一最为关键。

现阶段，传统零售商、品牌商的电商业务多交由IT部门负责，这显然人岗不符，电商业务自然难以取得好的结果。在这方面，传统的零售商与品牌商要学习沃尔玛、苏宁等企业的运营经验，使用专业的零售管理团队负责线上零售业务，根据零售精神与行业规律，面向线上消费群体，围绕需求链，对线上产品品类、产品价格、促销方式、B2C物流、供应链等进行系统地梳理与规划，以迈进全渠道零售新阶段。

6.3 国美再造：互联网时代的 O2M 全渠道战略

◎ 国美新战略：O2M 全渠道零售商

2013 年以来，O2O 模式进入高速发展阶段，百度、阿里巴巴、腾讯 BAT 三巨头借此似乎已经处于中国零售行业的霸主地位。甚至有人认为，电商冲击会使老牌零售王者国美慢慢淡出人们的视线。

但笔者认为这种舆论导向是错误的。随着互联网的发展，零售企业只是在讨论如何建构 O2O 模式、如何通过大数据实现线上线下融合，然而国美却通过自身努力，独辟蹊径成功实现了业绩的提升。与众多零售企业寻求 O2O 模式不同，国美公司将实现业绩提升的战略定义为“O2M 全渠道零售战略”。

国美提出的“O2M 全渠道零售”，可以说是针对中国零售市场未来的走向所提出的正确战略。随着移动互联网的迅猛发展，消费者更容易从多种渠道进行消费，与此同时，其消费行为也发生了碎片化的变化，消费者更看重的是价值。

移动终端会让消费者感受到购物的方便自由，在进行多方选择的同时就不太可能停留在一个渠道上进行购买，这就促使那些能为消费者带来需求价值的专业性渠道不断增加。

当前众多企业竞相追捧的O2O模式实际上是互联网时代的1.0版本，而在当今的移动互联网时代，O2O模式将会被O2M模式取代，O2M模式更能够适应移动互联网发展所带来的购物方式的变化。

事实上O2O模式并没有如大家所说的发挥出那么巨大的作用，天猫、京东、亚马逊等电商巨头虽然意识到线下实体店的重要性，也在布局上做出了很大调整，但实际上更多的仍然是靠线上销售实现盈利，毕竟要想像国美、苏宁一样将实体门店遍布全国着实不易。虽然O2O模式在移动互联网出现之后被互联网企业推崇备至，但实际上这些电商企业做的只是单一的销售平台而不是真正的O2O。

这在国美看来是一个新的机遇，所以国美提出了“O2M全渠道零售”模式。所谓O2M就是线下实体店、线上电商与移动终端共同形成的组合式运营模式，这是属于移动电商的新模式，重点是通过“M”实现互联网与线下实体店的互动。在这个模式当中，“价值平台”是核心内容，这就要求零售商打造一个开放式的供应链平台，充分发挥平台的采购能力、IT能力及物流能力。一向低调的国美集团花费了几年时间建立了这样一个开放式供应链平台，并在2013年以骄人的业绩证明了打造供应链平台的正确性及实施O2M全渠道零售模式的可行性。

国美所取得的成绩也得到了花旗、高盛、瑞银等国际投行的认可，它们竞相发表研究报告表示十分看好国美的经营策略。其中高盛就表示国美通过供应链平台的建立，正朝着全渠道零售商的方向转变，其差异化的市场转型是盈利的关键。有数据显示，国美2013年第4季度的毛利率超过18%，超出市场预期，这正是由于产品的差异化和高利润产品持续增长而带来的利好结果。

消费者的需求总是处于不断地变化之中，对此企业的发展战略也要随之进行改变。面对互联网和移动互联网的冲击，国美对于自身的发展战略也进行了优化。O2M 战略是行业未来发展的方向，因此国美将公司的发展战略由“多渠道零售商”转变为“全渠道零售商”。

O2O 模式在国美发展战略的优化过程中也是榜上有名的。从国美 2013 年的战略发展规划中我们可以看到 O2O 的身影。2013 年 7 月，国美将“整合资源、战略至上”作为自己未来 3 年的发展战略，同时将 O2O 设定为国美发展的战略模式，要求在 3 年时间内将国美打造为“线上线下融合的多渠道零售商”。其战略重点就在于通过一个集采购、物流网络、会员、售后服务于一体的后台来实现资源共享，线上线下可以互为销售平台，最终实现多渠道零售。

国美最终放弃“线上线下融合的多渠道零售商”的定位，转而调整为“全渠道零售商”的战略，实际上是为了满足消费者的不同需求。互联网时代就应本着协同开放的精神，借助大数据分析来满足客户群体的个性化需求，而零售企业也应由 O2O 模式转变为 O2M 模式为消费者提供更优质的服务。

O2M 全渠道零售模式并不是简单地将 Mobile（移动终端）与互联网和线下实体店融合在一起，也并非是简单的概念炒作，而是一个以大数据为基础并具备能够充分满足客户需求的价值链平台的未来式发展战略。

渠道协同：打造供应链价值平台

国美针对自己的 O2M 全渠道零售战略，对线上、线下的协同性合作进行了不同的规划：

（1）线下：对已有的一级、二级门店进行整合升级；与百货、大型商超、综合性卖场及地方连锁等业态进行商业合作。

（2）线上：多层次展开国美在线的自营业务与平台业务；与社会

化的电商平台展开深入合作。

就其线下发展规划而言，国美已经将与百货、地方大型超市的联营合作纳入实际操作当中。在超市方面，国美已经实现了与浙江联华、北京物美的合作；百货方面也与武汉国贸、广州摩登百货展开了深入合作。

国美与摩登百货的合作就极具典型性。2014 年 1 月 3 日，国美集团子公司广州国美与摩登百货达成战略合作，广州国美将以联营扣点的方式营运摩登百货旗下各大卖场的电器类销售业务。

这对于国美来说是一个新的尝试，业内人士对于这一合作模式也都表示赞同，这是一种共赢模式。就国美来说，一方面可以利用商超、卖场的场地、位置、人流，节省独立开店的成本；另一方面可以依托商超、百货完善的供应链建立价值平台，获得额外利润。从百货、商超的角度来看，国美的加入可以完善其商品品类，同时也能为原有客户群带来完整的客户体验。这将会成为国美未来大力推广实行的商业合作模式。

对于线下的实体门店，国美将进一步展开优化整合。其中一线城市中的社区店和亏损店要逐步关闭，而对于核心商圈的空白点则要进一步开店，实现网络布局的优化；对于二线、三线城市，国美计划加大开店步伐、力度，不断完善二级网络，最终实现在全国范围内的完美布局。2014 年国美计划关闭亏损店 80 家，开设新店 200 家，这是国美线下发展的大手笔，实现了全国门店的正增长。

国美的线下合作帮助其形成了覆盖面极广的销售网络，线上合作与之大致相同，也都是要建立密集的零售点，形成具有开放性的广阔终端界面，以此来满足客户群体的个性化需求。国美也意识到线上发展的重要性，认为线上线下将会成为一种共存模式，随着移动互联网的发展，线上电商和移动终端都趋于成熟，会吸引更多线下的客户群体，这就是线下消费者分流到线上，所以对于线上电商和移动终端进行战略把控的重要性是不言而喻的。

国美在线是国美电器整合“国美电器网上商城”和“库巴网”打造的综合性购物平台，但在推出之后却因其烧钱模式备受质疑。

国美之所以到现在才开始大力发展电子商务：一是因为国美一直在寻找电商盈利的发展模式，若是按照当前同行的发展模式走下去是无法获取未来的；二是因为国美已经找到了实现线上快速发展的价值平台，这是价值平台实现快速发展的关键时期。所以国美在线更有能力为不同的客户群体提供个性化的体验式服务。

国美在线只是国美强化线上销售业绩的手段之一，除此之外，还会采取协同开放的方式与社会化的电商平台展开合作。相信国美在进驻天猫之后还会与其他的线上平台渠道展开深度合作。

国美为什么敢于提出 O2M 全渠道销售模式并与其他企业进行共赢式合作？归根结底是由于国美制定的差异化竞争策略和所拥有的强大的供应链管理体系。国美通过设置差异化策略可以吸引不同类型、不同阶层的消费群体，同时国美以其低成本和完善的物流配送带给消费者更为满意的服务。除此之外，国美还可以通过其多年积累的大数据准确把握消费者的需求趋势，最终借助其他平台实现产业链内的协同共赢合作。

国美强大的供应链是为了加快库存的周转速率及提高实体门店的“订单满足率”而打造的，这使国美将基于城市的物流模式转变为基于区域的物流模式，提高了物流效率。国际投行瑞银认为这体现了国美的差异化市场转型。

国美为打造这一供应链体系在过去 3 年内花费了巨大的人力、物力、财力，甚至诚聘全球著名的管理咨询公司麦肯锡进行规划设计，不断完善自身，并最终打造出供应链价值平台。这个供应链平台改变了原本为自身渠道服务的封闭模式，转变为具有开放性的供应链平台，这个平台在满足国美自身线上线下运营需要的同时，还能够实现“线上电商 + 线下门店 + 移动终端”的 O2M 模式及其他社会化渠道的需求，这对于国美成为 O2M 全渠道零售商来说是巨大的优势。而开放式的供应链价值平台是支撑 O2M 战略实施的核心。

从当前的发展形势来看，O2M 将成为中国零售产业协同共赢模式的代名词，这也表现出国美对于互联网思维的独到见解。

◎ 互利共赢：与各大厂商深度合作

国美专注消费类电子产品的战略得到了厂商们的普遍认同，帮助国美实现了强强联合。2014 年众多家电厂商都亲临国美，实现了双方的深度战略合作。

格力是家电行业的领军企业，其董事长兼总裁董明珠至少 10 年没有亲临国美、苏宁等大型连锁渠道，但是在 2014 年 2 月初，董明珠的国美之旅则表明了她对于格力与国美的合作关系是十分重视的。董明珠亲赴国美标志着双方的合作迎来了崭新的时代，据悉，国美与格力签订了突破 80 亿元的历史性大单。

格力看到了国美专注背后的巨大商机，而从国美的角度来看，格力空调是行业龙头，占据了 40% 以上的市场份额，放弃与格力的合作不仅剥夺了消费者在空调方面的选择权，也无法凸显国美在该领域的专业地位。无论是从满足消费者需求的方面来看，还是从确立国美专业地位的角度来说，国美与格力的深层次合作都势在必行。

在董明珠亲赴国美一周之后，国美也派遣核心管理团队及分公司总经理前往格力进行观摩学习。国美与格力内部都处于进行相互学习的阶段，除去双方总部层面，具体操作的各个分公司之间已经实现全面对接。

国美与格力在合作方式上展开了更为深入的合作，如格力可以根据国美积累的“大数据”对消费者需求进行深入研究，从而制定出专供国美销售的空调，更好地满足客户需求。

同样是在2014年2月，青岛海尔轮值总裁梁海山和TCL董事长李东生分别带领自己的核心团队到访国美，与其展开深度合作计划。海尔公司在小家电和彩电品类上与国美形成了协同式深度合作，海尔在国美的销售规模将突破156亿元；TCL带来了其旗下华星光电独有的大屏智能技术，并就将国美作为最核心渠道来推广TCL的智能大屏达成合作意向，国美也将在门店终端对TCL的智能大屏提供体验式展示。在规模上双方制定了“快速放量”的策略，并签订了120万台的销售目标。同时TCL也将自己的空调产品放在国美进行独家运营。

在格力、海尔、TCL依次亲临之后，美的集团的总裁方洪波也在3月7日亲自到访国美。据悉，美的将会与国美开展包括小家电在内的全品类合作。这个计划为期三年，合作总额将高达660亿元。

由于消费者需求的变化及市场环境的改变，国美与各厂商的关系也由原来简单的采购与供货关系变为深入多样的合作关系。随着整个零售产业链条的不断完善，国美已不再是单纯的零售终端，而是触及原材料、研发以及生产的各个环节，与厂商的关系发展到了更深的一层。

国美经过多年的经验数据积累更了解消费者的购买需求，如产品的规格、所需的功能甚至是消费者所能接受的价格。国美可以根据这些数据在全球范围内进行采购，寻找质优价廉的原材料，然后设计研发出符合客户需求的产品。国美认识到市场价格是消费者制定的而不是制造商或零售企业控制的，据此不断向产业链延伸，以提高效率、控制采购成本，最终实现自身利润的扩大。

家电厂商大佬悉数登场正说明国美的整体战略得到了市场的认可。基于此，众多家电巨头与国美展开了深度合作，国美的 O2M 全渠道零售战略能够产生巨大的协同效应也得到了实际验证。

◎ 品类聚焦：坚守企业的核心战略

与其他零售企业所谋求的“跨品类、多元化”的市场定位不同，国美在 O2M 全渠道零售的基础上对自己所经营的品类有十分精准的定位。国美的 O2M 专注于消费类电子产品市场。当然，国美的“专一性”也的确为其发展带来了多重好处。

（1）国美就是以电子产品起家，在消费类电子领域拥有 28 年的丰富经验和数据积累。通过这些经验、数据，国美可以准确把握消费者的购买心理和需求，这对于整个供应链体系的优化发挥着至关重要的作用，从而实现库存的快速周转。通过“大数据”来精准解析供应链结构是国美的先天优势。

（2）国美专注于消费类电子产品更有助于满足消费者需求，回归零售业的本质；“专一性”更容易造就竞争优势，同时可以实现与高端企业的强强联合。

（3）最重要的是对于消费类电子产品，国美已经具备高效率、低成本以及规模化的核心竞争力。一家企业的核心就是要创造利润，而国美在电子产品领域已经可以保证合理的利润，做到对企业自身及整个社会负责。

除此之外，国美对于消费类电子产品的专注也是因为领导者看到了该领域还存在巨大的发展空间。国美的商品毛利率是 18%，这在国内来说已经很不错了，但是美国百思买的毛利率已经达到 25%。通过对百思买案例的分析，国美发现其盈利很大一部分源于消费类电子的零配件方面，这使国美看到了电子产品的潜在盈利机会。虽然电子配件市场比较分散，大到中关村，小到超市，但是消费者选择的便利性是未来的趋势，这使国美可以有机会进行市场整合。

同时国美认为消费类电子产品的市场具备很好的成长空间。从数据来看，虽然移动互联网的发展使线上购买的消费人群激增，但是既在线上购买也在线下购买的消费人群交集只有 15%，这说明大多数人还是倾向于线下购买。如果中国的零售市场可以像中国香港地区、新加坡等地那样将线下体验做到极致，其市场前景还是相当广阔的。这就需要零售企业关注到专业人员的服务能力、商品是否具备充足的规格段、商品价格、物流配送效率等问题。

虽然国美专注消费类电子产品，但是考虑到消费者的需求，国美也不会放弃其他品类的经营。对于这个问题，国美在线下主打消费类电子产品，在线上则会进行跨品类扩展将成为其长期发展中必须要坚守的战略。

充分满足消费者的需求是国美进行战略调整的核心。这个在很多企业看起来好像是空话的说法的确是零售业的本质，随着国美战略设计的深入，满足消费者需求也成为整个战略的重中之重。

一家企业要想获得长足发展，无论是产品的设计包装、宣传展示，还是产品的性能、定价，甚至产品的售后服务都是由消费者来决定的。国美明确认识到这一点并秉承这一思路，将满足消费者需求作为企业发展的终极追求。

将国美打造成 O2M 全渠道零售商，正是为消费者提供更为便利的选择。消费者在 Offline（线下实体店）看，在另一个 Online（线上电商）购买，同时又借助 Mobile（移动端）所提供的信息帮助自己选择，这种线下到线上移动端的流转已成为一种新的消费趋势。所以国美公司认为：只有打造全新的 O2M 模式，才能为消费者提供更优质的服务。

国美在移动端的成果也是非常显著的：全国 1585 家国美实体店都已实现 Wi－Fi 覆盖，并为消费者提供具有比价服务、产品性能介绍、购物流程指导以及消费者信息反馈等功能的移动终端，消费者可以实现在手机上直接下单购买，省时省力。国美以大数据所打通的供应链、对产业链上游的布局也都是为了更好地满足消费者的需求。

庄子有曰："不离于宗，谓之天人。"就商业而言，"宗"就是要满足消费者的需求。一个企业在社会前进、经济发展的过程中，只有充分利用各种信息、技术更好地满足消费者的需求，使消费者在消费过程中感到满意，才能为消费者创造价值，而这正是企业发展的核心、零售业的本质内涵。

第 7 章

全渠道营销：碎片化时代的营销新法则

7.1 营销新思维：零售企业营销的主要趋势

◎ 趋势一：全渠道营销时代的来临

新零售时代下，整体商业环境和消费市场的快速变化，推动着国内零售企业进行营销渠道的变革转型。总体来看，国内零售行业的营销渠道变革主要有以下几大趋势：

互联网的快速发展大幅降低了信息流通成本，借助互联网平台，企业能够快速获取全球不同地域中分支机构的信息，极大地提高企业的市场反应与决策效率。不过，互联网带来的线上信息的高效流通也造成了信息鸿沟问题，即线上商业快速发展，而传统线下企业和消费市场却陷入了生存危机，表现在渠道方面就是线上线下各自独立，甚至产生了激烈冲突。

移动互联网时代日益发展成熟的 O2O、LBS、云计算、大数据等新技术则为企业打通线上线下、解决信息鸿沟问题提供了有效方案。体现在渠道建设方面，就是零售企业要么借助这些新技术平台实现线上线下的有机融合、打造全渠道，要么丧失所有渠道。

换句话说，新的移动互联网技术将大大降低甚至完全消解企业的信息独占优势，企业无法再通过渠道选择进行消费者细分并占领市场，不同市场、不同渠道间的差异大大降低，最终呈现在消费者面前的是一种同价格、同体验的全渠道零售形态。

这种依托移动互联网技术和平台打通线上线下、各环节无缝对接的全渠道营销系统，核心是企业与顾客的关系。企业要学会在线上各网店、线下各实体店，以及不断涌现的各类社交媒体平台中与顾客建立链接，并对不同渠道中建立的客户关系进行整合管理。

简单来说，就是企业要把不同媒体平台中的受众培育为自己的粉丝，然后将粉丝转化为真实购买力，来实现产品销售目标。全渠道营销中，流量与转化率是两个核心问题，企业不仅要利用各种渠道获取更多目标受众，不断拓展粉丝规模，而且要不断激发粉丝购买产品或服务的欲望，将他们转化为真正的客户。因此，在全渠道营销中，最终的交易行为是发生在线上还是线下并不重要，获取更多粉丝、提高转化率才是企业和商家关注的重点。

不同消费者的渠道终端使用习惯和偏好有所不同，企业应通过终端前台界面的无缝整合，让顾客能够在不同渠道间自由切换，从而充分满足顾客的不同渠道诉求。

以宜家为例，面对互联网商业对线下实体零售的巨大冲击，宜家家居也积极开辟线上渠道，但却将其功能局限在商品展示、品牌推广方面，客户看到感兴趣的商品后仍要到线下实体店购买。同样，宜家的移动 APP 端也只为客户提供会员活动、库存信息、购物清单、限时特惠、产品信息等各种查询服务，而不能直接进行线上交易。

宜家的这种做法虽然比较极端，但却有着坚实的基础：一方面宜家品牌对很多消费者来说有着独特价值和吸引力，另一方面宜家商场能为顾客提供难以替代的独特的体验价值，这是其他线下实体店难以做到的。因此，在宜家的全渠道营销系统中，线上渠道主要负责品牌推广，将更多流量导入线下实体店，这是以功能区分为基础的线上、线下的无缝对接与融合。

◎ 趋势二：社交网络下的营销创新

随着微博、微信等各类社交媒体平台成为移动互联时代最主要的流量入口，企业的品牌推广和营销活动也转移到这些社交网络平台。越来越多的消费者习惯于在各种社交媒体中获取生活、购物、新闻等信息，并借助这些自媒体平台参与到包括品牌消费和体验在内的各种资讯内容的创作、传播、分享过程。

对品牌营销而言，借助这些社交网络媒体不仅可以使相关推广信息更精准快速地触达目标消费者，而且还能与目标受众进行直接、深度交互，从而更精准地刻画消费者画像。此外，这些社交网络媒体不仅能与企业的线上零售渠道对接，还可以借助 O2O 等创新商业模式及各种移动互联网新技术，与线下销售渠道相互连接。

例如，将消费者在实体店中办理的会员卡与他们的各种线上 ID 账户系统相互关联，实现消费信息互联共享，然后利用大数据技术对会员的各种消费数据进行深度挖掘分析，以此对会员精准画像，为品牌精准营销推广提供有力支撑。同时，这种打通线上线下、消费数据互联共享的营销方式，也有助于实现推广与销售反馈的同步甚至融合，从而大幅提升企业对市场和消费者的反应速度。

小米手机是利用社交网络媒体进行品牌推广和销售的成功典型。在产品研发阶段，小米就通过社交媒体平台与粉丝进行持续沟通交流，根据粉丝的反馈和想法创意不断优化自身技术与产品研发方向，使产品最大限度地契合用户诉求。产品正式推出后，小米也没有花费大量资金在传统媒体中投放广告，而是利用粉丝群体的强大传播能力，在各个社交媒体平台上进行更高效的品牌推广和产品销售，实现了品牌形象塑造和知名度、影响力的快速提升。

在产品销售方面，小米完全摒弃了线下渠道，通过预售、“饥饿营销”等多种创新性的营销策略获得了令业界瞩目的销售业绩，并迅速在竞争激烈的智能手机市场中建立起优势。

小米的巨大成功离不开其对移动互联网时代品牌营销和渠道规则的深刻把握。对小米而言，快速发展普及的社交新媒体不只是简单的品牌传播渠道，更是与消费者交流沟通的主要领域。

为此，小米将社交媒体运营提升到战略高度，逐步构建出一个包含小米网络论坛、微博、微信、QQ 空间四大社交媒体平台的粉丝运维系统。其中，小米网络论坛主要是吸引聚合更多目标消费者，获取用户创意和反馈；微博与 QQ 空间起着传播吸引粉丝的作用；微信平台则负责与粉丝的实时深度沟通，并及时提供相关服务。

“因为米粉，所以小米。”小米借助各种社交网络媒体成功进行的粉丝运维培育了大量的品牌拥趸，真正体现了以消费者为中心的互联网商业本质，也因此获得了巨大的粉丝经济效益。借助规模庞大的米粉，小米品牌和公司本身成为一个受众广泛的社交自媒体，并通过 CRM 系统实现与粉丝的深度、持续、高效沟通，从而获取了巨大的粉丝经济价值。

◎ 趋势三：营销的移动化与智能化

移动互联网和智能手机等移动终端的发展普及，使人们不必非要坐在电脑前上网，而是可以在各种碎片化的场景中随时随地获取所需信息，如在线下实体店了解、体验某款产品的同时在网上查看更多与产品有关的信息。在这种情况下，网络入口已不再只是线上零售渠道的“专利”，而变成一种线上线下都能利用的流量入口。

同时，由于屏幕大小、技术系统、浏览习惯等方面的差异，移动端购物与以往的 PC 端购物也有很大的不同，前者对社交媒体平台有很大的依赖性。因此，随着移动互联网时代的全面到来，越来越多的流量将转移到移动端，从而使智能手机等移动终端成为企业营销和产品销售的“主战场”。一个企业可以没有 PC 端的线上布局，但却必须注重移动端的渠道网络建设，注重各种移动社交媒体平台的巨大价值，如此才能在日益激烈的营销竞争中站稳脚跟。

人力、租金等各种成本的不断攀升，以及线上商业模式具有的“长尾效应”、边际成本优势等都对传统线下实体零售造成了巨大冲击，导致越来越多的实体店陷入生存困境。不过，移动互联网的发展成熟为线下实体店突破困境、找到新的发展路径和盈利模式提供了机遇和支撑。利用移动互联网新技术，传统实体店可以突破所在商圈的地域限制，将覆盖和服务范围拓展 3～5 倍，从而建立新的成本与利润平衡模式，获得新的发展活力。

从线下渠道布局的角度来看，就是企业在布局线下实体店时要降低密度，从侧重规模扩张转为注重以新技术、新服务平台为依托的门店运营服务能力的全面提高。换句话说，以往实体店运营成功的核心很大程度上在于选址；而移动互联网时代，位置的重要性有所下降，店铺的各项基本功能如产品组合、服务水平、用户运维等才是打造盈利模式的关键。

移动互联网为传统实体店重塑盈利模式提供了契机和条件，是以大数据分析、云服务平台等新技术为基础进行的智能化再造。例如，通过云服务平台，线下实体店可以了解客户的更多信息，不只是在实体店中的购买行为，还包括他们在线上平台的消费内容以及在各个社交网络媒体中的行为数据，如浏览或购买过什么商品、分享过哪些资讯、喜欢什么品牌、家庭成员和消费能力如何等。

通过对这些消费信息进行大数据分析，实体店便可以实现精准营销，为顾客提供最优的产品或服务解决方案，从而增进与顾客的信任，提高他们对店铺的忠诚度。同时，实体店还可以通过社交媒体平台与消费者沟通互动，打通线上线下渠道，将更多流量导入线下，即借助深度融合线上线下的 O2O 模式构建店铺新的发展路径和盈利模式。

需要注意的是，线上线下的有机融合是以云计算、大数据等新技术和新服务平台为基础的。对此，实力雄厚的大企业当然可以自建 O2O 云服务平台，打通线上线下渠道，构建立体化的全渠道营销网络；而对于多数没有能力自建云服务平台的中小企业来说，借助专业性的第三方云服务平台打造全渠道也是一种不错的解决方案。

7.2 营销全渠道：全触点一体化的营销体系

◎ 全渠道营销：满足不同顾客需求

互联网向移动互联网转变，给人类社会带来了颠覆式变革。新时代背景下，消费需求、竞争策略、市场环境等都发生了变化，企业的营销也必须做出相应的调整。覆盖多渠道消费群体、实现向目标群体精准推广的全渠道营销，被营销从业者给予了高度评价。

全渠道营销是营销从业者近几年关注的热点，在人们注意力被过度分散、传统媒体的信息垄断被打破的局面下，全渠道营销将成为零售企业将自身产品及服务推送至目标群体的重要手段。在全渠道营销过程中，营销场景的构建对用户消费决策将会产生极大的影响。对于企业营销而言，不仅是简单地向消费者推送产品，更要推广产品及品牌背后所传递出的生活理念和价值观等。

但转型全渠道营销绝非是一件简单的事情，很多企业因为未能制定出实操性较强的转型战略，而盲目投入大量资源，导致自身陷入了严重的发展困境，那么企业应该如何快速稳定地度过全渠道营销转型阶段呢？

近几年，随着电商平台、购物 APP、社交媒体、视频网站、直播平台等各种聚集大量流量的线上平台大量涌现，使营销渠道变得越发多元化，全渠道营销也因此而受到了广泛关注。

很多人所理解的全渠道是局限在企业进行分销或者销售的各个渠道，但事实上对移动互联网时代的企业营销而言，这种理解显然是片面的，真正的全渠道营销中的渠道还包括：商品信息传播渠道、生产渠道、物流配送渠道、用户转移渠道等。

所以，我们可以将全渠道营销定义为：企业在产品所有权转移、信息传播、设计生产、交易支付、物流配送、客户流动等各个渠道内进行一系列布局，然后根据各个渠道消费群体的差异化需求，对其开展定制营销。

在人们的注意力被过度分散的时代背景下，进行全渠道营销是企业从价格战和同质化竞争泛滥的激烈竞争中脱颖而出的关键所在。如今作为主流消费群体的“80 后”“90 后”，在购物消费方面呈现出全渠道特征，对于他们而言，选择商品、参与设计生产、交易支付、评论分享等没有固定的渠道，只要能够方便快捷地满足自身的需求即可。

当人们决定购买某种商品时，会通过各种渠道来了解产品信息。例如，想要购买一件衣服时，上下班期间，会关注和自己身高、体型类似的路人穿的服装；乘坐电梯时，会关注包含服装信息的电梯广告；回到家后，会通过电脑在购物网站中进行搜索并查看用户评论；看到感兴趣的商品时，还会通过手机拍摄图片并分享到朋友圈中征集好友们的建议等。信息获取渠道的多元化，使人们制定消费决策时能够得到更加科学完善的信息支撑。

在价值透明的移动互联网时代，人们会通过各种各样的渠道来获取信息，此时，企业如果仅是单纯地布局某个或者少数几个渠道，就会导致自身曝光量不足，不能给用户的消费决策提供强有力的数据支撑，从而使企业在市场竞争中处于明显劣势。

◎ 消费者主权：全渠道营销的优势

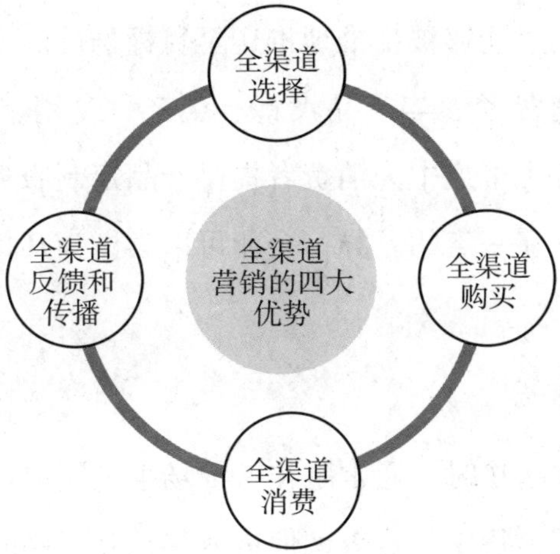

图 7－1　全渠道营销的优势

◆ 全渠道选择

以前，消费者在制定消费决策时，通常会思考购买什么品类的商品，应该选择何种品牌等。而如今人们除思考这些外，还会考虑自己能否参与到商品的设计、生产等环节中。

人们选择商品时，会表现出两大特点：一是在各个渠道中对商品进行筛选，最终制定出的消费决策是衡量了多个渠道产品信息的综合结果；二是为了满足自身的个性化需求，他们希望能够直接参与到产品的设计、生产，甚至是营销、定价等环节中，所以那些能够为人们提供定制产品及服务的商家，会在市场竞争中具有一定的优势。

移动互联网、物联网、大数据等新一代信息技术的发展，使人们可以十分方便快捷地参与到产品的设计、生产、营销及销售等环节中。无论是在线下，还是在线上；无论是 PC 端，还是移动端，参与成本都相对较低，而且效率极高。这使人们的个性化需求在得到充分满足的同时，用户体验也得到了明显提升。

考虑到消费者会在各个渠道内对商品进行筛选，商家需要在全渠道内充分展示商品信息，并制定出满足各个渠道不同需求的营销方案，这样才能确保产品信息能够被精准地推送至目标群体。

而为了满足消费者参与产品设计、生产、营销、定价等环节的需求，企业可以在各个渠道中为消费者提供产品定制服务。由于不同渠道消费者的需求会存在一定的差异，企业可以尝试为其提供个性化的定制解决方案。

◆ 全渠道购买

以前，人们在购物时，通常是在一个场景中完成该过程，如上班族在周末时前往商超百货中扫货等。但进入移动互联网时代后，全渠道购买成为主流，消费者会通过互联网挑选满足自身需求的商品，然后前往附近的实体店体验商品，并将拍摄的产品图片、短视频等内容通过手机分享给自己的好友，征求他们的反馈意见，如果最终决定购买，便可通过手机在线下单，完成交易支付。

为了方便取货，消费者还会让配送人员将包裹放到小区内的自提柜中。当然，消费者的选择并非是固定的，如人们在决定购买时，可以直接在实体店内购买，然后通过手机扫描二维码付款，并享受门店专业配送人员提供的物流配送服务等。

人们的购买渠道并非是固定的，在不同的场景中他们会选择差异化的购买渠道，所以企业需要在全渠道内进行营销推广，否则很可能会因为用户获取信息的渠道不足，而失去大量潜在消费者。

◆ 全渠道消费

对于一些非实物形态的信息产品，通常以线上消费为主，但同为线上消费，其渠道也会有所差异。以培训课程为例，PC 电脑、智能手机、Pad 等诸多渠道，都可以让用户体验培训课程，音乐、电影等产品也是如此。为了提升效果，消费者也可以前往培训中心、演唱会现场及电影院等线下场所进行体验。

下班回家后，很多人通常会同时使用电视、手机、Pad 来获取自己想要的内容，所以，为了充分迎合人们的全渠道消费特征，企业必须开展全渠道营销。

◆ 全渠道反馈和传播

在自媒体时代，人们表达与展示自我的需求在短时间内集中爆发，通过社交媒体将自己身边发生的事情记录下来，并分享给好友成为一种主流趋势。除了社交媒体，点评网站、企业官网、视频网站及直播平台等诸多渠道，都成为人们反馈并传播信息的有效方式。

所以，企业需要尝试在各个渠道内与消费者建立连接关系，和全渠道的目标群体实时交流沟通，最大限度地听取他们的意见和建议，并根据这些信息对自身的产品及服务做出优化调整。

◎ 营销的进化：全渠道营销的演变

在商品需求方面，不同的消费者有不同的需求，除此之外，人们的消费途径也开始由单一走向多元。在全渠道模式普遍应用的今天，实体店、网店、移动商店为消费者提供了多样化的选择，实体店的价值开始降低，越来越多的零售企业将消费者放在核心地位。

在移动互联网迅速发展的今天，各类社交平台纷纷崛起，智能移动终端的用户数量也持续上升，人们的消费行为与消费习惯都发生了改变，全渠道消费群体作为一股新生力量出现在市场上。

近几年，全渠道运营在我国进入快速发展阶段，总体上呈现蓬勃发展的趋势。实体渠道、电商渠道与移动商务渠道共同组成了全渠道，实体渠道可细分为：独立经营的实体店、以加盟方式开设的实体店、电子货架等；电商渠道可细分为：企业独立打造的电子商城，入驻以淘宝、京东、天猫为代表的第三方电商平台；移动商务渠道可细分为：企业独立打造的移动端商城、微商城、入驻以微淘店为代表的移动电商平台、APP 商城等。

国内企业营销渠道的演变经历了 3 个主要时期：

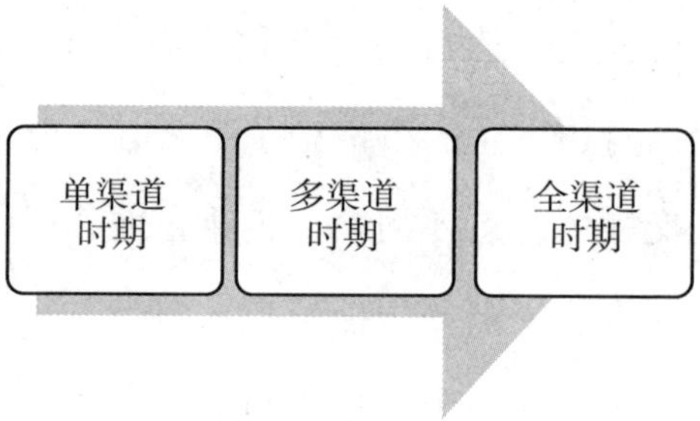

图 7-2　全渠道营销的演变历程

（1）单渠道时期，时间为 20 世纪 90 年代末到 21 世纪之前。在这个时期，实体连锁企业获得快速发展，有形店铺纷纷涌现。然而，这类企业受到单一渠道的限制，其影响只能触及门店附近的消费者。进入 21 世纪后，人力资源成本大幅增加，商铺租金也居高不下，对企业本身的实力提出了较高要求。

（2）多渠道时期，时间为 2000—2012 年，企业开始在线上渠道开展运营，网上商城与实体店并存。企业在拓展渠道的同时，也出现了营销方面的问题：不同渠道的运营相互独立，增加了企业的管理难度，成本消耗也出现上涨。

（3）全渠道时期，2013 年至今。实体店与网上商城、移动商店并存，企业开始围绕消费者的需求开展自身运营。在全渠道时代下，传统实体店的发展面临冲击。

企业通过整合优化各个渠道资源，能够在原有基础上增加更多的销售途径，并从整体上提高企业的资源利用率，既能赋予企业更多的功能，又无须为此增加成本消耗。举例来说，企业可以打通不同渠道的会员管理体系，在线上与线下都能识别会员的身份，并为其提供会员专属优惠、推送个性化商品信息，并根据会员的消费情况赠予积分，等等。如今，以可口可乐、海尔为代表的企业在世界各地都开始实践全渠道营销模式。

◎ Argos：全渠道一体化营销体系

英国知名百货零售连锁商 Argos 的经营范围十分广阔，包括家具、运动器材、文化用品、玩具、汽车配件、珠宝等，如果将网络专供用品也包含在内，其商品种类超过 3 万种。Argos 在早期发展阶段就体现出与传统零售企业的区别，该企业聚焦于销售渠道的拓展，为消费者提供了实体店、电话订购、传统 PC 端、移动终端等多种购物途径。

伴随着越来越多的企业在全渠道领域展开布局，零售企业在营销方面也开始突破传统思维，为消费者提供多元化的销售渠道，在这里对 Argos 的销售渠道进行逐一分析：

（1）网络平台销售。Argos 区别于传统零售企业的地方在于，消费者经由网络平台下单，可以在实体店自行取货，也可以在支付相应费用后，享受平台的配送服务。

（2）移动端销售。Argos 推出了面向顾客群体的移动端软件，消费者使用企业在 ISO 系统上线的 APP，能够对其经营的 25000 多种商品进行信息查询，并及时了解商品的价格变动、现有库存量，消费者可以在

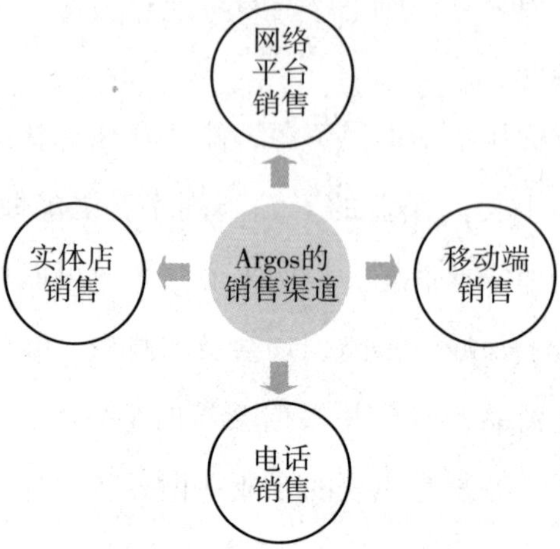

图 7－3　Argos 的销售渠道

移动端选购，也可以到实体店进行交易。

（3）电话销售。Argos 向消费者提供全天候的电话咨询服务，消费者可免费拨打电话了解产品信息，也可以直接通过电话渠道购买所需产品。

（4）实体店销售。与传统零售实体店相比，Argos 的经营独具特色。门店中并未陈列货架，也没有摆放商品，而是将商品存储在仓库中。进店的消费者可以通过浏览店中的购物导向手册，参照手册中的商品图片做出决策，在消费者支付费用之后，拣货员就会到仓库中提货，这个过程将在 10～50 分钟内完成，如果超出规定时间，则消费者可享受一次免费配送服务。

Argos 在拓展销售渠道的过程中，将传统的线下运营与线上运营融为一体，在经营方面也突破了传统思维的限制，在商品陈列、库存管理、销售渠道用户体验等方面进行了创新。

· 商品陈列：尽管实体店空间有限，但 Argos 通过使用纸质目录和网络平台，容纳了丰富的商品品类，也降低了企业在这个环节的成本消耗。

· 库存管理：企业将商品的库存情况发布到网络平台与移动终端，供消费者进行参考，如果消费者所在地区的门店存在缺货现象，消费者可通过网络渠道提前预订所选商品，在门店补货之后到店取货，或者由商家通过物流方式发货。

· 销售渠道：Argos 开通了线上销售渠道，解决距离较远或因店铺位置偏僻给消费者造成的不便。

· 用户体验：线上渠道的运营无法满足消费者的体验需求，在这方面，Argos 在很多地区开设了实体店，在为当地消费者提供便利的同时，也能有效提升用户体验。

Argos 通过采用全渠道运营模式，使自身运营不受实体店铺的空间束缚。有些传统零售企业虽然开展了线上渠道的运营，但并未实现各个渠道的统一。很多消费者虽然会到实体店进行产品体验，但最终会通过网络渠道下单。

Argos 则将线下渠道与线上渠道的运营结合起来，在解决上述问题的同时，还能利用互联网平台的优势，向消费者推送种类丰富的商品，并突破了时空因素的限制，为消费者提供了更多便利。与此同时，该企业还采用科技信息系统，通过搭建网络平台为自身运营提供支持，实现各个渠道的融合发展，在英国电商领域遥遥领先。

7.3 运营实战：企业如何实施全渠道营销

◎ 零售企业如何设计全渠道营销

全渠道营销的实现是一件颇为困难的事情，目前很多企业都在积极尝试寻找适合自身的全渠道营销落地战略，虽然鲜有企业能够取得成功，但其中的一些经验与教训值得我们思考并借鉴。具体来看，企业在设计适合自身的全渠道营销模式时，需要重点关注以下两点：

◆ 树立全渠道营销思维

要想成功转型为全渠道营销，首先要从传统营销思维转变为全渠道营销思维。具体来看，全渠道营销思维主要包括以下 3 点：

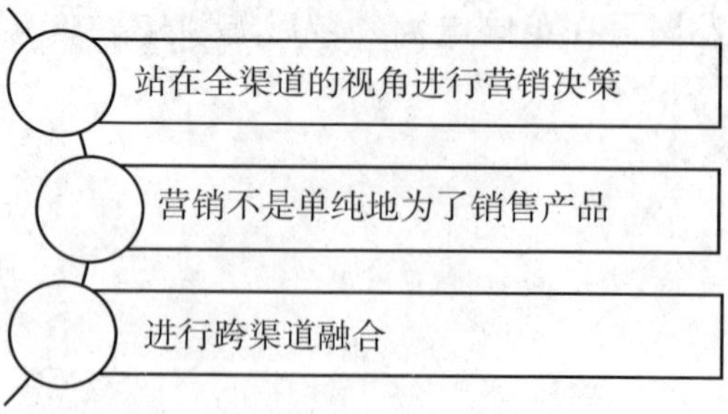

图 7-4 全渠道营销思维

（1）站在全渠道的视角进行营销决策。在制定营销策略时，企业需要充分考虑各个渠道目标群体的差异化需求，并设计出有针对性的营销方案，这样才能充分利用营销资源，实现营销效果最大化。

（2）营销不是单纯地为了销售产品，全渠道也并非是简单的销售产品的所有渠道，全渠道营销涉及企业所有的生产及销售活动。为了迎合购物消费的全渠道特征，企业需要做出相应的调整：

——在全渠道提供产品及品牌信息；

——在全渠道为消费者提供定制产品及服务；

——在全渠道为消费者提供下单服务；

——在全渠道为消费者提供支付服务；

——在全渠道搜集用户反馈信息；

——在全渠道为用户提供优质的售后服务。

（3）进行跨渠道融合。在全渠道营销过程中，跨渠道融合显得尤为关键，电商企业并不局限于线上营销，实体企业也不局限于线下推广，只有将线上、线下进行融合，才能接触到更多的目标群体，实现营销效果最大化。而且消费者的购物过程可能会同时涉及多个渠道，如果其中的某个渠道缺失，或者体验不佳，不但会直接影响交易额，而且会使企业在消费者心中留下负面印象。

◆ 设计全渠道营销模式

对于一家企业而言，并非是要对经营的所有产品品类都开展全渠道营销，有些产品由于其本身的特性，并不适合在某些渠道进行营销。在设计全渠道营销模式时，企业需要根据不同渠道目标群体的个性化需求，结合自身掌握的资源、竞争对手采用的营销策略、产品本身的特性等对渠道进行整合。

全渠道营销模式并不是固定的，从整体来看，它通常包括信息展示、产品体验、接受订单、交易支付、物流配送、售后服务及反馈意见收集等多个方面。以下 3 个实践案例可以让我们更好地理解全渠道营销。

【案例】凡客诚品

产品信息展示主要是通过社交媒体、有线电视、路牌广告等方式实现；产品体验主要是通过网店提供的服装模特照片，让顾客参与到产品设计生产环节；通过网店接受顾客订单；顾客可以线上支付，也可以线下支付；为顾客提供送货上门的物流配送服务；由于没有实体店，凡客诚品的售后服务主要通过线上方式进行；通过电话访问、收集用户线上评述数据、线下调查等方式收集用户反馈信息。

【案例】苏宁云商

苏宁得益于在全国范围内拥有的大量线下门店，其全渠道营销模式取得了良好的传播效果。信息展示包括官方网站、电商平台、社交媒体、楼宇广告、地铁及公交站牌、实体店等各种渠道；产品体验包括实体店与网店两种；网店及实体店都能让用户下单购买；消费者可以在线支付，也可以线下支付；可以为用户提供送货上门服务，也支持顾客上门自提；官方网站、网店等线上渠道，以及以实体门店为主的线下渠道皆可为顾客提供售后服务；反馈意见收集包括线上及线下多种方式。

【案例】尚品宅配

尚品宅配产品信息展示主要是以网站及实体门店为主；网站及实体门店皆可提供产品体验，用户还可以享受产品定制服务；用户可以在网店及实体门店内下单；可以在线支付，也可以线下支付；既提供送货上门服务，也支持顾客上门自提；线上、线下都能为用户提供售后服务；反馈信息收集包括线上及线下多种方式。

◎ 企业如何实现全渠道精准营销

全渠道精准营销就是以精准的产品定位为基础，以大数据和线上线下渠道为支撑，借助现代化的信息工具与社会化媒体，为顾客提供个性化沟通与推广服务的营销体系。从目前的发展形势来看，全渠道精准营销是大势所趋。面对全渠道精准营销，传统企业不应考虑做还是不做，而应考虑如何做。

在互联网、社会化媒体尚未出现的大众营销时代，由于信息不对称，消费者无法主动收集产品信息，对不同的产品进行比较，只能被动地接受企业推送的广告。在那个时代，大众营销模式有两大基本特点：一是大规模销售；二是大规模传播，前者以渠道为核心竞争优势，后者以叫卖式广告为基本销售方式。

后来，随着互联网与移动互联网的出现，传统大众营销时代的信息不对称现象被彻底打破。未来，消费者的信息获取将逐渐摆脱对中介渠道与专家意见的依赖，开始通过社会化网络推荐来获取信息。同时，受移动互联网、社交媒体小众化、社群化、互动性、交互性、分享性等特征的影响，企业传播将逐渐从大规模强制性传播转变为全接触点、互动性传播。

在互联网时代，企业要想做好营销，就必须直接掌控消费者，与消费者建立直接联系，压缩渠道层级，摒弃“以渠道为核心，终端为王”的营销模式，彻底颠覆线上线下全渠道融合、社交网络精准传播、大数据助力客户价值深挖的营销模式。

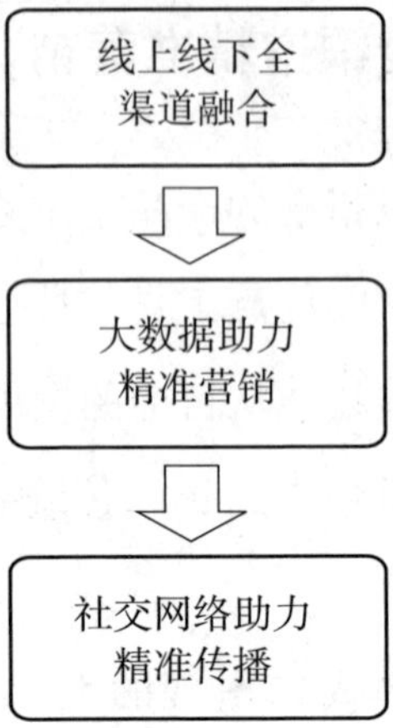

图 7－5　企业实现全渠道精准营销的途径

◆ 线上线下全渠道融合

传统企业朝互联网转型发展，从营销层面来看，其本质就是借助互联网对营销环节与零售渠道进行重构，其中借助互联网对销售渠道、推广传播渠道进行整改是核心。

如果传统企业的线下渠道极有竞争力，就要将其与线上结合，将线上渠道、线下渠道打通；如果传统企业的线下渠道没有竞争力，就必须借助线上无区域限制、可汇聚海量用户的优势，先完善线下渠道，再将线上渠道与线下渠道打通。

◆ 大数据助力精准营销

通俗地理解，精准营销指的就是企业随消费者的流动而流动。在C2B 市场环境下，零售企业可借助 CRM 等软件对客户进行管理，对客户的基本属性、消费习惯、生活方式、消费偏好、消费行为等信息进行整合，将其汇聚成大数据库。依托大数据库，企业就能以数据为依据深入挖掘客户价值，开展一对一精准营销。

◆ 社交网络助力精准传播

在移动互联网时代，无论是消费还是购物都呈现碎片化、情绪化、场景化的特点，消费者零散分布，企业借助传统的大传播方式根本达不到传播效果。面对消费者碎片化的特点，分散化、精准化的社交媒体为其提供了应对方法。

未来，碎片化的社交媒体将成为最主要的品牌传播媒介，借助众多社交媒体，企业将持续创造内容、描述产品，有针对性地开展品牌传播。

◎ 全渠道营销模式的难点与突破

◆ 全渠道营销的难点

全渠道模式的应用，会促使企业在供应链方面进行改革，其改革难度远远超过 O2O 模式下的企业整合。另外，在粉丝经济、体验式营销迅速崛起的今天，企业在实施全渠道营销模式的过程中，需要将各个渠道的运营打通。如今中国已经有部分企业在这方面进行了探索，但其进展并不顺利，这是因为企业在发展过程中存在以下几方面的问题：

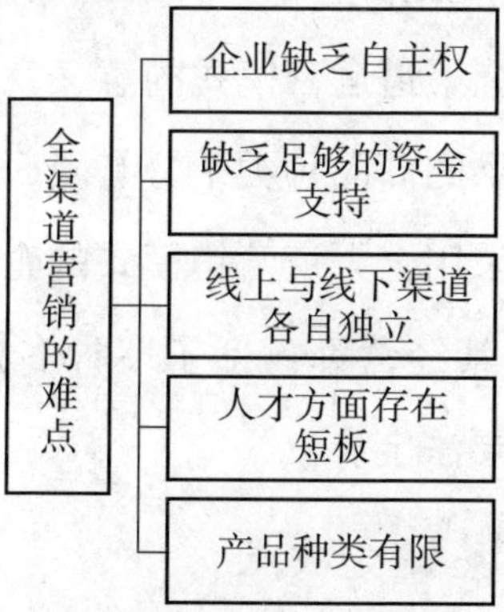

图 7－6　全渠道营销的难点

（1）企业缺乏自主权。在国内零售行业中，采用联营模式的企业占据大部分，导致企业在产品定价、品类引进方面缺乏自主权。相比之下，以梅西百货为代表的企业采用独立经营的模式，其商品归企业本身所有，还拥有部分商品的经营特权，能够大大降低企业开展全渠道营销的难度。

（2）缺乏足够的资金支持。尽管企业通过拓展线上渠道，能够减少实体店开设的成本消耗，帮助企业节省成本。但在开展全渠道运营的过程中，企业同样需要对网络渠道的业务发展给予足够的资金支持，京东就是因为投入不足才出现2014—2016年持续亏损的状况。

（3）线上与线下渠道各自独立，未实现渠道融合。有些零售连锁企业并未打通各个渠道的运营，线上与线下的业务开展非但不能相互配合、相互补充，还在内部展开激烈的较量，增加了企业实施全渠道运营模式的难度。

（4）人才方面存在短板。相较于以往的市场拓展及运营方式，全渠道营销已经发生了很大的变化，无论是网络营销、信息化设备的应用，还是客户关系的管理，都对运营者提出了较高的要求。但很多企业在专业人才配备方面还存在缺口。

（5）产品种类有限。如果企业本身的经营范围较窄，涵盖的产品种类比较少，企业实施全渠道运营模式的意义就不大。具体而言，如果企业的网店为消费者提供的商品种类十分有限，就很难提高对消费者的吸引力。通过分析其他采用全渠道营销模式的企业可以发现，以Argos、DHC为代表的实践者，其经营都囊括了多种多样的商品，这也是企业运营取得理想效果的重要法宝。

◆ 全渠道营销的关键突破点

消费者的商品需求从多元走向单一，并希望商家为其提供多元化的消费渠道。而全渠道营销模式能够实现不同渠道之间的协同与配合。近几年，国内零售行业开始将不同渠道的运营结合起来，通过将不同渠道整合在一起来满足消费者的多元化需求，进一步提升消费者的购物体验。在这种大趋势下，零售企业要根据自身的具体情况，选择适合自己的渠道布局模式，着重突出企业的差异化竞争优势。

从现阶段的发展情况来看，企业在实施全渠道运营的过程中，需要关注以下几方面问题：

（1）明确企业的定位。要避免将零售与供应体系混为一谈，作为零售商、品牌供应商及品牌企业，需要清晰把握自己所担任的角色。

（2）打通不同渠道的供应体系。例如，天猫零售店铺与淘宝零售店铺，可通过天猫供销平台获得统一的产品供应。

（3）企业要对各个渠道进行统一管理，为品牌商提供渠道商品、经销商的实力情况等相关信息。

（4）提高数据资源的开放程度，实现商品、品牌、渠道、行业等数据信息的共享。例如，许多天猫的商家，都实现了与供应商之间的信息共享。

（5）实现供应链的统一。如今零售行业的整体运营是围绕店铺经营展开的，在企业实施全渠道运营模式后，需要打通各个环节的供应链体系，改善传统模式下企业在库存、品类管理方面“各自为政”的状态。

（6）在不断完善供销体系的基础上，通过建设生态圈来促进整体盈利的提升。从品牌商直至终端消费者，中间经历了许多节点，这也是生态圈的重要组成部分。在全渠道运营模式下，企业要处理好服务商、品牌商、渠道商以及顾客之间的利益关系。

综上所述，全渠道营销已经成为零售行业的主流趋势，位于行业各个环节的企业，都要对行业未来发展方向进行把握，并及时抓住机遇推动自身发展，为全渠道运营模式的普及贡献一己之力。

◎ 企业全渠道营销的步骤与策略

未来，全渠道精准营销将成为互联网企业与传统企业的共同选择。从这个层面来看，传统企业离不开全渠道精准营销，而且要积极开展全渠道精准营销。具体来看，全渠道精准营销的开展要分 6 步进行。

图 7－7　企业全渠道营销的步骤与策略

（1）精准定位

消费者的购物活动是按照品类逻辑进行的，先选择品类，再选择品牌。所以，企业要开展全渠道精准营销，首先要对目标消费群体进行精准定位，然后再明确产品或品牌的品类。简单来说，在这个阶段，企业就是要解决“我是谁”的问题。

（2）建立大数据库

通常来看，数据库中的数据有 6 种，分别是使用者数据、客户反馈数据、客户关系数据、产品用途数据、客户对产品的态度数据、客户信用数据。对于全渠道精准营销来说，大数据库构建是核心环节。因为只有拥有客户数据库，精准营销才可能实现。在构建大数据库时，企业要对数据进行筛选，挑选出有价值的数据。一般来说，客户名单的价值不大，客户购物记录、潜在客户信息等才是最有价值的数据。另外，客户浏览信息、询价购买、参与研发等全行为信息也值得纳入数据库。

（3）评估与锁定价值型客户

在客户数据库构建完成之后，在针对单个消费者开展精准营销之前，企业要按照一定的原则，根据顾客的购买情况对其财务价值进行明确，对客户进行分类。其中，企业可以遵循的原则有两种：一是“28 原则”（80% 的财富集中在 20% 的人手中，80% 的人只拥有 20% 的财富）；二是“1535 原则”（意见领袖占 15%，意向客户占 35%，需培养意向的客户占 50%）。客户类型有 5 种，分别是意见领袖、优质大客户、中小客户、意向（目标）客户、潜在客户。企业要明确客户类型，为其量身打造营销方案，分步推进方案落实。

（4）了解客户接触点和偏好

在开展精准营销之前，企业还要明确与客户接触的时机、地点、环境、方式。为此，企业要先掌握客户与公司的接触方式与接触点，明确顾客喜爱的传播方式与传播渠道。只有如此，企业才能以接触点与顾客偏好为依据组合出最有效的营销传播方式。

（5）整合营销手段，开展精准营销

在上述 4 项工作完成之后，企业就要对微博、论坛、微信、APP、电视广告等营销手段进行整合。除营销手段之外，内容也非常重要。互联网时代是一个“内容为王”的时代，在产品大爆炸的情况下，只有那些极有特点，内容极富情感，个性化特征鲜明，价值观能引发共鸣的产品才能形成良好口碑，引起消费者的注意。

在这里要明确一点，精准营销是面向价值型客户开展的互动式的双向营销、潜入式营销，依靠口碑进行传播。这种营销方法和传播方法与传统的单向传播、非互动传播、轰炸式营销有本质区别。

（6）发展与客户的多次的、长期的关系

从本质上来讲，精准营销就是关系营销。一场成功的精准营销的判断标准是：企业通过精准营销与客户产生多次交易，建立起长期关系，客户忠诚度明显增强，转介绍与正面口碑传播率显著提升。

面对长期且有价值的客户，企业要如何开展营销？面对价值很小甚至价值为零的客户，企业要如何开展营销？对于企业来说，该问题能否妥善解决对于其能否成功构建精准营销体系至为关键，是一个需要长期关注的问题。

第一，企业要构建新客户服务与追踪系统。以奶粉为例，一般来说，奶粉消耗频率为一周一罐，3 周以后孩子就会对奶粉的口味产生依赖。所以，对于购买了三罐奶粉的新客户，零售商要在一周后对其进行第一次回访，了解奶粉食用感受；20 天之后要对其进行第二次回访。对于 3 个月内零购买的顾客，零售商要适时地向其推送一些促销信息，激发其购买欲望。零售商的这些促销手段都是通过分析消费者数据得来的。

第二，企业要构建老用户关怀机制。以母婴产品为例，其顾客有两大特征：一是异常关注育儿过程；二是新一代的新生儿父母缺乏育儿经验，互动性非常高。基于这两大特点，企业要对老用户的心理需求、生理需求进行深入分析，关注新生儿妈妈、宝宝在不同阶段的个性化情感需求，增强与老用户的互动，为其推荐与育儿有关的书籍，为其提供呼叫热线服务，做好精准营销回访工作，帮他们切实解决问题，以增强老用户的黏性。

第三，加强与会员的互动。会员互动是会员营销的关键环节。仍以母婴零售商为例，为做好会员互动，母婴零售商可在线上推出手机移动应用，建立社区，通过互联网、短信、电话等与会员互动；在线下，母婴零售商可通过店员、育儿顾问等与消费者面对面地沟通、交流，有条件的母婴零售商还可以组织开办妈妈培训课程等。通过这种方法，企业能与顾客建立起长期联系。

◎ roseonly 如何引爆全渠道营销

企业在实施全渠道营销时，需要重点关注以下 4 个方面：

（1）明确最终的营销目标。

（2）对营销渠道进行分析。了解不同营销渠道的竞争环境、用户需求、企业所掌握的优质资源等。

（3）制订营销计划。营销计划的内容主要包括：不同渠道所面向的目标群体、价格策略、活动方案等。

（4）执行营销计划。执行过程中需要对资源进行整合，并明确具体的岗位职责，从而保证最终的执行效果。

以奢侈玫瑰品牌 roseonly 为例，经过用户调查发现，roseonly 的消费者主要是都市白领，在实施全渠道营销过程中，其营销人员将营销定位为“爱”。roseonly 的粉丝主要以女性群体为主，根据其官方曾公布的数据显示，女性群体占比高达 80%，但真正购买产品的消费者中有 70% ~80% 是男性群体。

roseonly 为了满足消费者表达“爱”的需求，公司精选了世界顶级玫瑰品种厄瓜多尔玫瑰，而且玫瑰都是从当地的皇家玫瑰种植园中采购。为了确保玫瑰不会交叉感染，每一支玫瑰都使用了不同的剪刀，采摘完成并简单地处理后，通过飞机将玫瑰空运到国内。产品包装也经过专业人员的设计，消费者可以在网店或实体门店中购买。

如此优质的产品及极致的服务，自然需要消费者付出较高的成本，一支表达歉意的玫瑰价格为 399 元，而表达爱意的玫瑰均价高达 1000 元。roseonly 通过微博、微信、网站、实体花店等各种线上及线下渠道展示产品信息。

顾客下单及支付都可以通过线上及线下多种渠道进行，但必须进行身份认证，当用户购买 roseonly 的产品后，就代表着该用户一生只能将 roseonly 的玫瑰送给一人，即便用户和恋人分手，roseonly 也不会帮助其向另外的人送花。这种“一生只爱一人”的价值定位，也是它能够得到很多用户认可的关键所在。

顾客可以让花店配送人员送货上门，也可以亲自前往花店自提，和绝大部分企业的配送人员所不同的是，roseonly 的配送人员都是穿着时尚、阳光帅气的年轻小伙。roseonly 通过线上及线下多渠道的方式，为用户提供售后服务，并收集用户反馈信息。

roseonly 能够取得成功是多种因素的综合结果，但全渠道营销无疑在其中发挥了十分关键的作用。在人们注意力被过度分散、消费需求不断发生变化、竞争手段越发多元而复杂的背景下，实施全渠道营销是企业打破发展困境，在风云突变的移动互联网时代实现持续稳定发展的必然选择。

参考文献

［1］汪旭晖．中国零售服务业成长与创新：理论与实证［M］．北京：北京师范大学出版社，2013.

［2］李飞，王高．中国零售管理创新［M］．北京：经济科学出版社，2007.

［3］颜艳春．第三次零售革命：拥抱消费者主权时代［M］．北京：机械工业出版社，2014.

［4］迈克尔·利维，巴顿·韦茨·零售管理［M］．北京：人民邮电出版社，2016.

［5］李建峰．消费者行为分析［M］．北京：中国财政经济出版社，2010.

［6］菲利普·科特勒，凯文·莱恩·凯勒．零售的本质［M］．北京：中国人民大学出版社，2012.

［7］丁兆领．新实体店盈利密码：电商时代下的零售突围［M］．北京：经济管理出版社，2015.

［8］迈克尔·利维，巴顿·韦茨．零售管理［M］．俞利军译．北京：人民邮电出版社，2016.

［9］何毅明．零售革命：重新定义零售新模式［M］．北京：人民邮电出版社，2016.

［10］王晓峰，张永强，吴笑一．零售4.0时代［M］．北京：中信出版集团，2015：64－78.

［11］张波．O2O：移动互联网时代的商业革命［M］．北京：机械工业出版社，2013.

［12］陈威如，余卓轩．正在席卷全球的商业模式革命［M］．北京：中信出版社，2013：35－41.

［13］赵国栋，易欢欢，靡万军，鄂维南．大数据时代的历史机遇：产业变革与数字科学［M］．北京：清华大学出版社，2013.

［14］王先庆，武亮．现代服务业集聚研究：边界测量及效应机制［M］．北京：经济管理出版社，2013.

［15］王先庆，李征坤，刘芳栋，张靖军．互联网＋物流［M］．北京：人民邮电出版社，2015.

［16］王先庆．渠道控制权［M］．北京：中国人民大学出版社，2014.

［17］刘向东，黄雨婷，李浩澜．中国零售企业竞争优势的构建路径［J］．中国流通经济，2016（8）：56－65.

［18］刘石兰，郝斌．消费者创新性对新产品创新性行为的权变影响［J］．科学学研究，2012（2）：312－320.

［19］石明明．消费者异质性、搜寻与零售业态均衡［J］．财贸经济，2013（11）：107－116.

［20］丁宁．消费者对城市商业集聚形态的选择及其影响因素［J］．财贸研究，2015（2）：79－84.

［21］蒋亚萍，任晓韵．从“零售之轮”理论看新零售的产生动因及发展策略［J］．经济论坛，2017（1）：99－101.

［22］陶勐．互联网时代我国实体零售企业发展对策研究［D］．华

东师范大学，2015.

［23］中国流通三十人论坛秘书处．从阿里与百联“联姻”看“新零售”［J］．中国流通经济，2017（3）：124－128.

［24］孙冰．阿里巴巴联手“零售老大”百联打造新零售“样本”天猫：重构人货场剑指新零售［J］．中国经济周刊，2017（8）：44－47.

［25］郭馨梅，施珊珊．电商渠道与实体零售渠道融合发展的主要模式与对策［J］．商业经济研究，2017（4）：13－16.

［26］廖友亮，彭雷清，王先庆．消费者低碳消费意愿影响因素实证研究［J］．商业经济研究，2016（7）：32－33.

［27］武亮，王先庆．商业集聚和购买动机对消费者行为的影响机制——基于心理场的理论阐释［J］．商业经济研究，2016（6）：38－40.

［28］毛应，王先庆．电子商务背景下传统商贸业转型升级路径分析［J］．知识经济，2015（16）：78.

［29］李飞．全渠道营销理论——三论迎接中国多渠道零售革命风暴［J］．北京工商大学学报（社会科学版），2014（3）：1－12.

［30］昊忠，唐敏．全渠道视角下消费者渠道利用行为研究［J］．商业研究，2015（2）：152－160.

［31］王云玺．电商时代的零售业转型：O2O 模式与全渠道竞争［J］．上海商学院学报，2014（6）：1－5.